KB135345

울고 싶어도 내 인생이니까

울고 싶어도 내 인생이니까

백정미 지음

한께
BOOKS

울고 싶어도 내 인생이니까

코로나 바이러스로 인해 전 세계인이 고통을 겪고 있다. 하루 종일 답답한 마스크를 쓰고 생활해야만 하는 현실이 우울하기만 하다. 그렇지 않아도 집값이 올라서, 취직이 안 되어서, 결혼을 못해서, 사업이 부도가 나서, 누군가가 내 마음을 몰라주어서, 하는 일마다 꼬이고 엉망이 되어서 속상한 사람들이 얼마나 많은가.

우리들은 지금 슬프다. 가만히 있어도 주르륵 눈물이 날 것 같고 가슴이 아리다. 그렇지만 우리는 삶을 살아내야 한다. 불확실한 정세 속에서 아슬아슬하게 살아가고 있을지라도 이겨내고 살아내야 한다. 그래야만 하는 이유는 포기할 수 없는 내 인생이기 때문이다. 이렇듯 답답한 세상을 살아가야 하는 울고 싶어지는 요즘, 우리는 어떤 자세로 삶을 살아내야 할까.

그것은 우리의 내면에 숨겨진 힘을 찾아 이 시기를 슬기롭게 견뎌내는 것이다. 우리의 숨겨진 힘은 무엇인가. 그것은 스스로를 명확하게 인식하고 확고한 가치관과 인생에 대한 관점을 지니고 두려움 없이 나아가는 것이다.

우리의 삶은 단 한 번 부여받은 진정 고귀한 것이다. 아무리 어렵고 고단해도 이 자리에서 맥없이 주저앉아버리기에는 눈물겹도록 아름다운 것이다.

신께서 우리에게 처음 생명을 주셨을 때 우리는 스스로의 힘으로는 그 무엇도 할 수 없는 연약한 존재였지만 이제 스스로가 인격의 주체가 되고 중심이 되어 '나'라는 자아를 확립하고 있다. 그러므로 이제 자아에 대해 감사함을 느끼고 올바른 가치관을 가지고 더 아름답고 지혜롭게 자신의 삶을 가꾸어나가야 할 것이다.

나는 우선 그대와의 만남을 진심으로 기뻐한다는 사실을 말해주고 싶다. 그대는 나의 책을 선택했다. 그대가 선택한 이 책과 함께 백정미라는 작가도 함께 선택한 것이다. 그러므로 나는 그대를 전적으로 책임지고 행복과 평화 그리고 안정된 삶의 영역으로 안내해주어야만 하는 사명을 띠게 된 것이다. 그대가 나의 책을 손에 들고 책장을 펼친 그 찰나의 순간 그대와 나의 놀라운 인연은 시작된 것이다. 그러므로 우리는 앞으로 이 책 속에 들어있는 진리의 중재로 서로 교류하게 될 것이다. 자, 이제 나와 함께 깨달음의 시간들을 함께 해 보자.

제3장 사랑을 이루는 요소

제1장

생각과 상상이 인생을 주도 한다

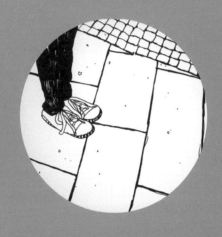

인생을 행복하게 살아내고 죽음 앞에 이르러서도 후회라는 그늘을 남기지 않을 비법은 무엇일까. 놀랍게도 그 비법들은 각기 다른 모습으로 우리 곁에 머물고 있다. 그 모든 각각의 비법들을 적절하게 조화시켜 인생에서 최상의 보람과 가치를 창출해내는 것은 각자 고유의 몫이다. 나는 다만 그것들의 실체를 발견하고 제시하며 설명할 뿐이다. 내게는 오래 전부터 사유로 깨달은 삶의 지혜를 글로 옮기고 싶어 하는 마음이 있었다. 일상의 소소한 것들에서도 가치 있는 깨달음을 얻을 수 있다. 그러므로 나와 함께 떠나는 즐거운 여행에 동참하게 된다면 그대는 틀에 박힌 생각의 지대에서 벗어나 새로운 인식의 지평이 찬란하게 펼쳐질 것임을 약속한다.

작가로서의 나의 사명은 내가 느낀 깨달음을 글로써 많은 사람들에게 널리 알려주는 것이다. 그러므로 그대는 이제 나를 믿고 내가 제시하는 깨달음의 말들을 신뢰하고 실천해보길 기대한다.

우리의 눈에 가시적으로 보이지 않지만 인간의 삶을 총체적으로 지배하는 것이 있다. 그것은 생각이라는 거대하고 투명한 자기장이다. 생각은 살아있는 인간의 중심을 이루며 삶을 완벽하게 운영해가는 중추기관이다. 심지어 그것으로 인해 삶의 가치를 깨달을 수 있기도 하는 가장 본질적인 근원이 된다. 누구든지 생각을 거치지 않고서는 말다운 말을 할 수 없으며 생각의 사유를 거쳐 태어난 스스로의 사상을 나침반 삼아 자신에게 주어진 일생을 살아간다. 무엇을 생각하고 있느냐에 따라 우리는 무엇이 되어가고 있는 것이며 무엇을 생각하려고 하느냐에 따라 무엇인가를 추구하는 인간의 형상을 점차 완성해가고 있는 것이다.

긍정적인 생각을 선택하라

모든 현상에 대하여 절실히 생각하기를 멈추지 말라. 생각을 하지 않는 인간은 육체는 살아 있으나 영혼은 세상 어디에도 바로 설 곳이 없는 살아있는 비쩍 마른 미라에 불과하다. 어떤 것이든지 일단 생각하라. 그러나 그것에 지나치게 얽매이지 말고 지혜롭게 생각을 운용하고 현명하게 다스리라. 생각의 바탕은 무한하게 펼쳐진 하얀 백지와 같아서 그대가 무엇을 새겨 넣든지 온순하게 다 받아 적을 것이다. 신랑 앞에서 볼 붉힌 수줍은 처녀처럼 생각은 우리들이 소망하는 마음의 요구들에 가만히 귀 기울이며 조금씩 반응할 것이다. 마음은 생각과 일생동안 동행하는 친밀한 동반자이기 때문이다.

그대가 가치 있는 삶을 살아가고자 한다면 생각하는 것

에 대해 긍정적인 의미를 부여해야 한다. 생각한다는 것은 농부가 기름진 밭에 씨앗을 뿌리는 것과 같고 직공이 기계에 기름을 채워 넣는 것과 같다. 다시 말해서 생각은 인간 삶의 필수요소인 것이다. 그러므로 바른 가치를 추구하는 생각에서 비롯된 올바른 사상의 옷을 걸치고 인생을 살아가야 한다.

그대를 아름다운 꿈의 대지로 자상하게 인도해주는 긍정적인 생각, 밝고 용기를 샘솟게 해주는 생각을 하라. 그런 생각들로 언어들을 조화롭게 배열하여 입 밖으로 내어 놓을 수 있다면 타인과의 의견충돌에 따른 불쾌감과 무례한 언행으로 인한 상처를 타인에게 주지 않게 될 것이다.

부정적인 생각은 그대의 삶에 돌이킬 수 없는 심각한 해를 끼칠 수도 있고, 그대가 오랫동안 지향해온 꿈을 일시에 포기하게 만들 수도 있다. 그러므로 그대는 생각을 할 때 가능한 정신을 올바르게 가다듬어야 한다. 그렇지 않고 깊은 사유의 과정을 거치지 않은 삶은 마차 뒤에 매달려 끌려가는 달구지처럼 무작정 끌려가는 인생이 될 것이다. 다시 말해서 스스로 자신의 삶을 제어할 수가 없게 되는 것이다.

그대는 지금껏 어떤 생각을 주로 하며 살아왔는가?

생각의 소중함을 전하기 위해 이 글을 집필하고 있는 작가로서 그대에게 앞으로는 보다 더 의미 있는 것들에 생각을 집중하라는 당부를 하고 싶다. 그렇게 하기 위해서는 어떤 사물을 바라볼 때 그것들에 대한 긍정적인 경외심이 가슴속에 있어야 할 것이다. 풀 한포기, 한 방울의 빗방울처럼 지극히 작고 보잘 것 없는 사물일지라도 의미 없이 흘려보내지 말라. 작은 것에 대해서도 깊이 사색하고 이해할 줄 아는 사람은 큰 생각을 품을 수 있는 큰 그릇임에 틀림없을 것이다.

생각하는 것이 중요하다면 도대체 어떤 생각을 해야 하는가?

현대사회처럼 복잡 미묘한 관계들이 거미줄처럼 얽힌 세상을 살아가는 우리들은 생각의 중요성에 대해 알고 있으면서도 어떤 생각을 해야 하는지 또는 사색하기를 귀찮고 번거로워하면서 소홀히 지나치고 있다. 그러나 나는 그대에게 어떤 생각을 하며 삶을 살아가고 있는가하는 문제는 인생의 가장 중요한 결정이라는 것을 꼭 말해주고 싶다.

그렇다면 도대체 어떤 생각이 우리의 삶을 행복으로 이끌 수 있을까?

그 해답은 바로 긍정적인 생각을 하는 것이다. 긍정적인 생각은 불행하고 고통스런 상황에 처해있을지라도 스스로를 값싸게 동정하지 않고 가치 있는 존재라고 여기며 다시 일어설 힘을 주는 최고의 생각이다.

어쩌면 그대는 긍정적인 생각이 자신의 인생에서 이토록 중요한 비중을 차지하고 있는 것인지를 미처 잘 모르고 지내 왔을 수도 있다. 또한 바쁜 일과에 쫓겨서 그것에 대하여 곰 곰이 생각해볼 시간적 여유도 내기 힘들었을 것이다. 하지만 생각한다는 것의 중요성에 대해 또 다시 생각한다는 것은 귀 찮고 번거로울 수도 있는 일이지만 참으로 중요하고 신성한 행위이다. 인간으로서의 본질을 추구할 수 있는 필연적인 통 과의례를 이런 사색의 단계를 거치지 못한 사람은 인생에 대 해 원망할 자격조차 없다. 왜냐하면 생각의 중요성을 무시한 사람은 삶의 중요성을 망각한 사람이기 때문이다. 하지만 그 대가 생각의 중요성과 유용성에 대해 인식하게 되었다고 하 더라도 긍정적이고 좋은 생각들만 줄곧 할 수가 없는 현실에 자칫 절망할 수도 있다. 그렇다면 긍정적인 생각을 선택하기 가 힘든 이유는 무엇일까?

그것은 끊임없이 부정적인 생각이 뇌리 속에 집요하게 파고들어 오기 때문이다. 부정적인 생각은 꼼지락거리며 옷 사이를 기어 다니는 좀 벌레처럼 자신의 존재를 알리기 위해 쉴 새 없이 인간의 감정과 이성 사이를 혼돈스럽게 왕래한 다. 아무리 긍정적인 사람이라도 부정적인 생각을 완전하게 소멸시키기가 그래서 힘든 것이다.

　부정적인 생각은 자체적으로 에너지를 조달한다. 그 에너지는 한숨과 의심과 절망으로부터 채취하는 열량을 먹고서 탄생한다. 그러므로 그대는 지금까지 일어난 모든 일들에 대해 자책하거나 후회하거나 탄식하는 일을 즉시 멈추어야 한다. 왜냐하면 그러한 어리석은 행동들이 바로 부정적인 생각의 몸을 통통하게 살찌우고 윤택하게 만들어주는 것이기 때문이다. 이렇듯 부정적인 생각들은 긍정적인 생각들을 잡아먹고 점점 더 그 세력을 키워나간다. 우리들이 한숨을 내쉬면 내쉴수록, 후회를 하면 할수록 긍정적인 생각들은 점점 더 자취를 감추게 되고 괴물처럼 자라난 부정적인 생각들이 우리의 정신을 점령하게 되는 것이다. 이 얼마나 끔찍한 일인가.

　그대는 긍정적인 생각들을 각별히 보호하고 스스로 지켜내야 한다. 그러기 위해서는 자신이 지금까지 습관적으로 해오던 행동들에 대해 다시금 되돌아보고 인생을 비참한 구렁텅이로 몰아가던 치명적인 오류를 바로 잡아야 할 것이다. 하지만 이 일은 몇 번의 어설픈 연습으로 이루어낼 수 있는 쉬운 일은 아니다. 몇 년에서 수 십 년이 걸릴 수도 있는 힘겨운 일이 될 수도 있다. 그만큼 긍정적인 생각을 자신의 의지대로 선택하는 일은 부단한 끈기와 의지가 필요한 일이다.

맑게 갠 푸른 하늘을 바라보면서 긍정적인 생각을 하는 일은 그리 어렵지 않게 할 수 있다. 하지만 먹구름이 잔뜩 낀 시커먼 하늘을 바라보면서 밝은 표정을 지으며 웃을 수 있는 사람은 드물다.

어렵고 힘들어도 웃으면서 살고자 다짐을 하고, 괴롭고 슬퍼도 이 위기를 헤쳐 나갈 힘이 자신의 내면에 있다는 것을 믿어야 한다. 스스로 자신을 믿어주고 용기를 줄 수 있는 것이 긍정적인 사람의 특징이다.

긍정적인 생각을 하며 산다는 건 스스로를 지키는 가장 강한 보호막을 지닌 것과 같다. 주위에서 아무리 불행한 일들이 펼쳐진다고 해도 긍정적으로 그 상황을 바라볼 수 있는 사람에게 불행은 오히려 행운이 될 것이기 때문이다.

그대는 내면에 밝은 햇살을 지닌 사람이 되고 싶지 않은가.

마음속에서 항상 긍정의 햇살이 빛나고 있는 사람은 모든 것을 너그럽게 이해해 줄 수 있는 사람이다.

그대가 바로 그런 사람이 되라. 그런 사람이 되기 위해서는 모든 일들을 판단하기 이전에 긍정적인 면을 먼저 바라볼 수 있는 마음의 눈을 키워야 한다. 긍정적인 마음의 눈으로 세상을 바라보면 부정적인 생각들이 몰고 올 자기 비하, 타인에 대한 원망, 세상에 대한 편견과 오해가 자취 없이 사라질 것이다. 그리하면 대인관계 또한 골치 아프고 어려운 것이 아니라 서로의 마음을 주고받는 행복한 소통이 될 수 있다. 또한 그대의 선한 영향력이 골고루 미치기 때문에 행복과 성공이 자연스럽게 그대의 삶에 스며들게 될 것이다. 왜냐하면 인간의 힘은 자기 자신에 대한 자부심과 긍정적인 가치관에서 나오기 때문이다.

마음껏 즐겁게 상상하라

얼굴에 주근깨가 깨알처럼 박힌 풋풋한 소녀 시절의 나는 상상하기를 좋아했다. 내 또래의 다른 친구들은 지극히 현실적인 고민거리를 말할 때에도 나는 엉뚱한 상상에 관한 이야기를 하곤 했다. 예를 들어 풍선 수천 개를 만들어 하늘을 날아보면 어떨까 혹은 별나라에 가서 살아보고 싶다 등등. 말로 표현할 수 없는 많은 상상을 혼자서 하느라 늘 내 머릿속은 분주했다.

상상은 존재하지 않았던 사물을 이 세상에 출현시키기도 하고 불가능한 일들을 실현 가능하게 만든다. 상상력이 풍부한 사람은 영리하고 감수성이 예민하며 사물을 다각적인 시각으로 바라볼 수 있는 개방된 시야를 지닌 사람일 확률이 높다. 그렇기에 남들보다 더 빨리 더 가까이 성공에 다가갈 수 있는 것이다.

상상하라. 그대의 심장이 미지의 것들에 대한 기대로 두 근거리고 마음이 천상의 끝까지 벅차오를 때까지 상상하라. 그대는 상상한다는 일이 얼마나 즐겁고 흥미로운 것인지 체험하게 된다면 자꾸만 상상의 나래를 펼치고 싶어 뇌 전체가 들썩이고 근질거릴 것이다.

순수한 사람일수록 상상을 잘한다. 세속에 오염되고 찌든 사람은 현실의 일들에 얽매이고 허덕이느라 상상을 할 마음의 여유가 없는 것이다.

삶을 흥미롭고 모험심 넘치게 사는 방법 중 하나가 상상하는 일을 즐겨 하는 것이다. 상상은 무료한 일상에 상큼한 활력소가 된다. 암울한 현실에 답답함을 느낀다면 그대에게는 지금 절실히 상상이라는 보약이 필요하다. 현실을 벗어난 상상의 세계로 들어가 보면 그 곳의 무궁무진한 흥미로운 일들에 순식간에 매료되고 말 것이다. 도저히 이룰 수 없는 일이라고 해도 좋다. 상상 속에서는 그 일이 백 프로 실현 가능하니까 얼마든지 마음 가는대로 상상해도 괜찮다. 상상은 생각이 겁 없이 진화한 단계이다. 한 마디로 당돌하고 겁 없는 녀석이라고 할 수 있다.

과거에 나는 아주 겁 없이 생애 처음 쓴 원고를 용감한 어린이처럼 열에 들떠 여러 출판사에 투고 했었다. 결과는 모든 곳으로부터의 산뜻한 거절이었다. 참혹한 결과 앞에 나는 한동안 심하게 괴로워했다. 나 자신의 능력을 의심하기도 하고 과연 이것이 내가 가야할 길인가 하는 의문을 나 스스로에게 던지기도 하였다. 그러나 나는 언제까지나 변함없이 엉뚱 발랄하고 낙천적인 상상의 소녀였다. 나는 상상 속에서 최고로 감동적인 책을 쓴 불멸의 작가였다. 그렇기 때문에 이런 실패로 인해 포기하고 좌절할 수가 없었다. 나는 다시 우직하게 하루하루 글을 썼다. 그리고 나는 또 살포시 미소를 지으면서 상상했다. 내가 쓴 책들이 베스트셀러가 되어 만인의 가슴에 잔잔한 파문을 일으키게 되는 것을.

그대의 생각이 진화에 진화를 거듭하여 상상의 단계에 접어들면 이제 상상이 제 스스로 알아서 자신의 자의식을 서서히 진화시켜 준다. 나는 늘 똑같은 생각의 패턴으로 살아가는 사람은 상상력이 부족한 사람이라고 생각한다. 왜냐하면 그는 자신도 모르게 타성적인 생활 습관이 몸에 배여 있기 때문이다.

나는 지금도 상상하는 것을 좋아한다. 상상할 때 나의 얼굴에는 행복한 미소가 단풍이 들듯 발그레 번져 있다. 거울을 보지 않아도 느낄 수 있다. 내가 지금 얼마나 기분 좋은 느낌에 사로잡혀 있는지.

그대도 상상의 나래를 펼쳐 긍정적인 상상을 하게 된다면 나처럼 가끔 기분 좋게 미소 지을 수 있는 좋은 기회를 가질 수 있게 될 것이다. 상상을 하는 데 있어서 나이 제한이나 학력 제한 또는 출신지역에 따른 지역감정으로 인한 차별 등은 전혀 없다.

"당신은 나이가 60이 넘었으니 아쉽지만 상상할 수 있는 기회를 상실했습니다."라고 한다거나, "당신은 대학을 나오지 못했으니 상상하는 시간을 30분으로 제한하겠습니다."라고 한다거나, "당신은 어느 지역 출신이니 상상은 그 지역에서만 비밀리에 해야 합니다."라는 엄한 규제 또한 전혀 없다. 그러니 그대는 자유롭게 독특하고 기발한 상상을 즐겨 보길 바란다.

상상의 나라에 가보았니

상상을 하고 싶은 마음이 조금이라도 생기게 되었는가. 그럼 우리 이제 함께 상상의 나라로 가보자. 상상의 나라에는 세상에서 볼 수 있었던 매우 익숙한 것들은 물론이거니와 애초에 존재하지도 않았던 생소한 것들도 엄청나게 많이 있다.

그대와 나는 어느 날, 세계적인 석학들이 제네바에서 추진하는 비밀 과학 실험에 자원하게 되었다. 그곳에 한 번만 다녀오면 평생의 안락한 삶을 보장해준다는 조건이 왠지 그만큼 위험한 일이라는 것을 말하는 것 같아 망설여졌지만 우리들에게는 뭔가 짜릿한 모험이 필요한 시기였다. 시간을 거슬러 과거로 갈 수 있다는 타임머신을 무료로 태워준다는 과학자들의 달콤한 속삭임에 넘어가서 전 세계에서 처음으로

이 모험에 그대와 나, 두 사람이 선발된 것이다.

요란한 굉음과 함께 출발한 갑오징어 모양의 타임머신이 어느 곳에 우당탕 소리와 함께 착륙했다. 광활하게 펼쳐진 원시림 사이에 생뚱맞게 초고층 빌딩이 하늘을 찌를 듯 세워져 있다. 그 곳은 바로 상상의 나라였다. 우리를 타임머신에 태우면서 어쩌면 불의의 사태로 인해 불시착할 수도 있다던 그 곳이었던 것이다.

아니, 이런 마른하늘에 날벼락 같은 일이 벌어지다니. 게다가 생전 듣도 보도 못한 상상의 나라라니. 우리는 비틀거리며 서로를 부축한 채 얼빠진 표정으로 타임머신 문을 열고 밖으로 나왔다. 갑작스런 착륙으로 엉망이 된 머리를 털고 있는 우리들 앞으로 살찐 오스트랄로피테쿠스 한 명이 어기적어기적 걸어오고 있다. 그 곁에는 붉은색 민소매를 입은 티라노사우르스가 여자 친구와 함께 병원놀이를 하며 앉아 있었다. 노상에서 청승맞게 해물라면을 끓여먹던, 얼굴은 새의 모습이고 몸뚱이는 돼지의 모습을 한 존재가 우리를 보며 말했다.

"어이, 한 가닥 먹고 갈 건가?" 하며 능글맞게 묻는다.

그대와 나는 그 이상하게 생긴 존재에게 마음속으로 이름 하나를 지어주고는 나오는 웃음을 삼켰다. 불만(불가능한 만남). 킥킥. 하마터면 그 이상한 동물에게 웃음소리가 들킬 뻔했다. 우리는 그 동물의 유혹에도 아랑곳하지 않고 상상의 나라에서 가장 영향력 있는 인사를 찾아갔다. 상상의 나라 대통령은 빼어난 미모를 지닌 여인이었는데 발이 있어야 할 부분에 이상한 털 바퀴가 달려 있었다.

"당신이 이 나라의 대통령입니까?"

나의 물음에 그녀가 배시시 웃으며 대답했다.

"네. 맞아요. 내가 아름다운 상상의 나라를 이끌어가는 대통령이지요."

그녀는 다시 한 번 우리를 향해 윙크인지 아니면 눈에 벌레가 들어가서 깜박인 것인지 모호한 눈짓을 해보였다.

"우리는 미래에서 온 사람들이에요. 되돌아 갈 수 있는 연료가 부족하네요. 죄송한 부탁이지만 타임머신에 주입할 연료를 공급해주세요."

우리는 최대한 조심스럽게 그녀에게 부탁했다. 그러자 그녀가 기가 막힌다는 듯이 우리를 쏘아보았다. '뭐 이런 것들이 다 있어.' 떨떠름한 표정이었다.

"우리나라는 자급자족하는 우주 유일의 나라입니다. 필요한 것이 있으면 자기 스스로 창조해내고 획득해야 하는 곳이에요. 물론 모든 연료 또한 스스로 조달하지요. 그건 기본적인 상식 아닌가요?"

우리는 서로의 눈을 바라보며 고개를 갸우뚱 했다.

"아니, 연료를 자기가 알아서 어떻게 조달한단 말입니까? 땅을 굴착하고 거대한 규모의 발전소를 지어 수많은 인력이 동원돼 기계를 가동해서 만들어야 하는 것을 혼자서 어떻게 한단 말인가요. 그러지 마시고 저희에게 알려주세요. 연료를 어디서 구해야 하나요?"

우리의 다급한 물음에 깊은 한숨을 내쉬며 그녀가 말했다.

"이봐요. 이곳은 상상의 나라예요. 우리나라에서는 모든 국민들이 상상으로 연료를 만들지요. 저기 봐요. 상상을 한 번 할 때마다 하늘에서 기름주머니가 떨어지지요."

하늘에서 기름 주머니가 떨어진다고? 믿을 수 없는 말에 놀라 그녀가 가리키는 하늘을 바라보자 거짓말 같은 일이 벌어지고 있었다. 티라노사우르스와 여자 친구가 눈을 감고 한참을 서 있는 그 곳에 기름이 가득 담긴 검은 주머니가 하늘에서 우박처럼 와르르 떨어졌다. 우리는 자신도 모르게 탄성을 내질렀다. 그대와 나는 서로를 보며 지그시 미소 지었다. '그래, 우리도 한 번 상상을 해보자.' 라는 의미 있는 눈빛을 교환하면서.

우리는 함께 잠시 상상의 나라에 다녀왔다. 나는 이 글을 쓰는 내내 너무나 즐거워서 몇 번이나 웃느라 쉬어야 했다. 글을 쓰면서 자신의 글에 도취해 웃는 기이한 현상이 가능한 것도 상상을 할 수 있는 사람만이 누릴 수 있는 특권이다. 상상의 나라에서는 상상을 연료로 사용한다는 상상나라 대통령의 말이 아니더라도 우리는 알 수 있다. 상상을 하게 되면 인생에 연료가 되어줄 유익한 일들이 많이 생기게 된다는 사실을.

각박하고 복잡한 세상에서 알차게 삶을 살아가기 위해서는 질 좋고 우수한 연료가 필요하다. 그 연료를 무한대로 그것도 무료로 얻을 수 있는 방법이 있으니 그것은 바로 매일매일 적극적으로 상상하는 것이다.

상상은 실패를 성공으로 이끌어준다

어떤 사람이 중요한 자격증을 따기 위해 며칠 후에 시험을 치르게 되었다고 하자.

그 사람에게는 시험에서 떨어진다는 일은 생각조차 하기 싫은 끔찍한 일일 것이다. 그는 어느 때보다 최선을 다해 열심히 공부했고 원하는 자격증을 따고 난 후에 자기가 할 일들에 대해 상상하며 마음이 한껏 부풀어 있었다. 그런데 그렇게 매일 휴식 한 번 제대로 취하지 못한 채 공부에 매진한 후 시험을 보았으나 안타깝게도 불합격 통지를 받고 말았다.

그는 이제 두 갈래 길 앞에 홀연히 서게 된 것이다. 이대로 포기하고 말 것인가, 다시 한 번 힘차게 도전할 것인가.

실패한 인생을 사는 사람은 어떤 일에 도전하여 실패했을 경우에 실망감과 자괴감에 사로잡힌 채 힘없이 포기한다.

그리고 자신의 능력에 대해 철저하게 불신한다.

'나는 이정도 밖에 안 돼.' '더 이상은 발전할 수 없어.'

이렇게 자기 자신을 비하하면 당연히 행복과 성공의 영역에서 더욱 더 멀어질 수밖에 없다. 그러나 성공의 길로 갈 수 있는 사람이라면 비굴하게 포기와 타협하지 않고 다시 도전을 선택한다.

실패하고 좌절한 그대, 여기를 주목하라.

그대가 만약 어떤 일에 도전하여 실패했다면 이제 그대 안에 늘 내재되어 있던 상상의 놀라운 능력을 발휘할 시간이 된 것이다.

'실패하였을지라도 포기하지 않고 다시 시작하면 반드시 성공할 수 있다는 상상력을 발휘한다면 실패는 단지 성공의 중요한 과정에 불과하다는 사실을.'

상상으로 이루어낸 기적

　나는 책 읽는 시간과 글 쓰는 시간 음악을 듣는 시간 외에도 텔레비전을 시청하는 걸 좋아한다. 한마디로 나는 지극히 대중적인 것들을 아주 좋아하는 사람이다. 가슴 절절한 대사를 쏟아내는 드라마를 보면서 뜨거운 눈물을 훔치기도 하고, 개그 프로그램을 보면서 얼추 비슷하게 흉내도 내보고 매주 생방송되는 음악 프로그램을 보면서 최신가요와 가수의 멜로디와 면면을 익히느라 바쁘고, 시사 프로그램을 보면서 현 세태에 대해 개탄하고 다큐멘터리를 보면서 잔잔한 여운이 남는 감동에 빠지는 걸 좋아한다.

　나중에 내가 혹시라도 유명인사가 된다고 해도 이런 지극히 평범한 취미를 버릴 생각이 없다. 대중적인 것을 도외시하는 사람은 대중들의 심리를 이해할 수 없다고 생각하기 때문이다. 혹시 그대가 대중에게 뭔가를 어필하고 싶다면 대중들이 좋아하는 것들에 대해 주시하라. 꼭 무슨 난해한 경제서적이나 책의 내용조차 이해하기 힘든 글을 억지로 눈 비벼가며 읽어야만 교양이 쌓이고 유식해지는 것은 아니다.

그러던 어느 날, 나는 내 눈을 의심할 정도의 놀라움으로 텔레비전을 뚫어져라 바라보고 있었다.

'아니 저럴 수가!'

내 눈을 사로잡은 주인공은 앞이 보이지 않는 화가였다. 그에게서는 비범한 기운이 온 몸에 은은하게 감돌고 있었다. 그가 그린 그림들이 한 장 두 장 화면에 서서히 펼쳐졌다. 두 눈 멀쩡한 나보다 훨씬 더 섬세하게 잘 그린 수작들이었다. 실로 충격적이었다. 앞이 보이지 않는 사람이 그림을 그린다는 것 자체도 놀라운 일이었지만 그가 그린 그림들의 은밀한 아름다움이 내 마음을 요동치게 하고 있었다. 그것은 상상이 일구어낸 놀라운 기적이었다. 그는 상상하였고 상상하였으므로 그렇게 아름다운 영혼이 실린 그림을 그릴 수 있었으리라. 그가 대자연의 신비로움을 상상하지 않고서는 그토록 보는 이의 가슴을 뭉클하게 만드는 경이로운 자연의 모습을 담아낼 수는 없었을 것이다. 상상으로 이루어낸 기적은 그 뿐만이 아니다. 굳이 방송에 나오는 사람들이 아니어도 우리

주변에는 그런 기적 같은 사람들이 너무나 많다.

　회색빛 도시를 든든하게 지키는 파수꾼처럼 우뚝 솟은 다양한 빌딩들과 수백 년 동안 바람과 비와 바람의 날카로운 손톱이 할퀴고 갔어도 여전히 고고한 자태를 드러내고 서 있는 옛 고궁의 모습들을 보라.

　그것들은 모두 누군가의 머릿속 상상의 나라에서 처음 만들어진 것들이다. 누군가의 집념이 서린 상상이 없었더라면 지금의 그런 웅장하고 고풍스러운 건물들은 지상에 남아 있을 수 없었을 것이다. 지금도 하나의 아름다운 건물을 완성하기 위하여 도면 위에 피와 땀으로 상상의 선을 긋고 있을 그들에게 경의를 표하자.

　모든 학교 선생님들은 사랑하는 제자들이 매일 조금씩 정신적 육체적으로 긍정적인 방향으로 향상되어 건강한 사회인으로 성장하는 상상을 할 것이다. 선생님의 애정이 듬뿍 깃든 상상으로 인해 학생들의 지식이 날로 가득가득 채워져 간다고 해도 과언이 아니다.

　농촌의 농부들은 어떤 상상을 하는가. 밭에 심은 씨앗들이 새와 벌레에게 허무하게 파 먹히지 않고 올 여름 태풍이 몰고 올 거센 빗물에 속절없이 쓸려 내려가지 않고 무사히 움터나 탐스런 곡식으로 자라나는 상상을 할 것이다. 그렇게 상상하지 않고 이른 새벽에 구부러진 허리를 펴고서 피곤을 감수하며 논에 물을 대러가는 농부는 없을 것이다.

어촌의 어부들은 어떤 상상을 하는가. 오래된 배를 수리하고 구멍 나고 낡은 그물을 굳은살 가득한 두 손으로 힘겹게 손질하면서 오늘도 바다에 나가 만선을 이루고 웃으면서 돌아올 것을 상상하지 않겠는가. 그들은 사나운 풍랑이 일렁이는 검푸른 파도를 보면서도 두려워하거나 물러서지 않고 싱싱한 물고기를 배 안 가득 채울 상상으로 충전된 힘으로 그물을 힘차게 걷어 올릴 것이다.

옷을 만드는 공장에서 일 하는 사람은 자신이 재단하고 바느질한 각양각색의 옷들이 사람들에게 많이 팔리고 많이 입혀지면서 고객들이 옷이 참 잘 만들어졌다는 칭찬을 하는 상상을 할 것이며 회사원들은 자신이 제안한 아이디어가 채택되고 맡은 프로젝트를 성공리에 마무리해 상사로부터 인정받고 남들보다 더 빨리 고속 승진되는 상상을 할 것이다.

우리 사회의 모든 것은 이렇게 상상으로 처음 시작되고 지금도 지속되고 있으며 앞으로도 이어질 것이다. 그러므로 이 세상은 상상이 선두에 서서 사람들을 이끌어가는 세상이라고 해도 과언이 아니다. 상상은 이렇게 위대하고 신성하다. 상상으로 이루어낸 놀라운 일들을 기적이라고 치부해버리고 나와는 별 상관없는 일들이라고 관심을 두지 않는다면 발전하며 성장하기가 더디고 힘들 것이다.

상상은 그대와 가장 밀접한 관계에 있는 최측근이다. 그대의 친구들, 자녀들, 형제들, 심지어 부모님보다 더 가까이에서 그대를 도와주기 위해 항상 눈을 반짝이며 졸지도 않고 대기하고 있다. 그런데 그대는 그의 존재조차 알아채지 못했던 것이다. 그러나 다행히 늦지 않았다. 그대가 지금부터라도 절실하게 바라고 소망한다면 상상은 그대를 부드러운 손길로 어루만져 주며 자신의 지혜를 인자하게 공유할 것이다. 그렇게 하기 위해서는 그대가 먼저 상상에게 손 내밀어 주어야 한다. 상상은 제 이름을 불러 주어야만 가까이 다가오는 수줍음 많은 소년 같은 존재이기 때문이다.

그대가 애타게 성공을 위한 상상을 하고자 한다면 상상은 기꺼이 그런 그대에게 자신과 함께하는 시간을 제공해줄 것이다. 그리고 그 상상의 일들을 현실로 이루어낼 수 있도록 커다란 도움을 줄 것이다. 상상을 하라. 그대의 인생에서 기적을 이루는 가장 현명한 기술이 바로 상상이다.

제 2 장

사랑은 인생을 아름답게 만든다

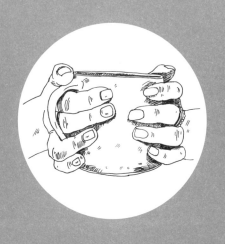

인간이 살아가며 사용하는 수많은 언어 중 가장 많이 사람들의 입에 오르내린 단어이지만 그것에 대한 동경과 아쉬움으로 정말 많은 사람들이 힘들어하기도 했던 단어가 무엇인지 아는가.

그것은 가슴 두근거리는 아름다운 천상의 단어 '사랑'이다. 그 누가 사랑의 포근하고 보드라운 울타리 안에서 감히 벗어날 수 있겠는가. 그대와 내가 탄생하게 된 것도 사랑이 있었기에 가능했던 일이고 그대와 내가 지금 이렇게 갖가지 편리한 문화혜택을 누리며 삶을 영위하고 있는 것도 모두 다른 이들의 인간애에 의해 빚어진 찬란한 문명 덕택일 것이다.

인간에게서 사랑의 감정을 빼버리면 무엇이 남겠는가.

아마 텅 빈 폐허의 도시처럼 쓸쓸하고 괴괴한 기운만 감도는 음산한 세상이 되어버릴 것이다. 또한 사랑이 없으므로 세상에는 새로운 인류가 더 이상 나타나지 않아 인류는 서서히 절멸되고 말 것이다. 그러나 다행히 신은 인간에게 사랑의 감정을 부여하였고 그 사랑의 감정이 영원히 지속될 수 있도록 해주었으며 더 큰 사랑을 생성해 낼 수 있는 힘을 지닌 사랑의 에너지 또한 함께 주었다. 그럼으로써 인간이 존재하는 한, 사랑 또한 영원히 존재할 수밖에 없다. 심지어 인간이 지구상에서 멸망하더라도 인간들이 나누었던 사랑의 기억들은 화석처럼 오롯이 우주의 시공간 속에 남아 있게 될 것이다. 그것은 사랑이 지닌 불멸성에서 기인한다. 사랑은 그 무엇으로도 빼앗아가지 못하는 인간의 거룩한 축복이다.

오늘, 사랑을 실천하라

　사랑의 종류가 다양하듯이 사랑을 하는 사람의 자세도 다양하며 사랑을 받아들이는 마음가짐도 여러 가지이다. 그리고 사랑이란 말은 언제 어디서 들어도 우리들의 가슴을 따뜻하게 만들어주기에 충분한 충만하고 따사로운 느낌인 것이다.

　그대는 오늘이 사랑하기에 얼마나 좋은 날인지 알고 있는가.

　어제 미처 고백하지 못한 사랑에 대해 아쉬워하거나 내일이나 먼 훗날 누군가에게 그동안 못해준 사랑을 한꺼번에 나누어 주어야겠다고 미룬다는 것은 사랑에 대한 일종의 배신행위이다. 사랑은 현재 지금 이 순간에 주목받기를 원한다. 그대에게 부와 명예 그리고 세상의 모든 존경이 한꺼번에 벅찰 만큼 많이 주어졌다고 하더라도 사랑이 빠져있는 삶이라면 모두 쓸모없고 부질없는 것들이 되고 말 것이다.

우리들은 사랑을 하며 살아야 한다. 그것도 지금 그 사랑을 실천에 옮겨야 한다. 그렇게 하지 않는다면 결국 인류는 멸망할 것이며 지구는 황폐화된 행성으로 전락해 산산이 해체되어 우주 내에서 도태되고 말 것이다. 하지만 모든 인류가 사랑으로 하나가 되어 서로를 위로하고 감싸 안아주며 서로의 고통을 기꺼이 들여다보고 찢겨지고 곪아터진 상처에 희망의 약을 발라줄 수 있다면 멸망이 아니라 행복과 번영이 가득한 행성으로써 영원히 인류의 터전으로 남을 수 있을 것이다.

그대가 사랑을 베푸는 일은 무엇보다도 우선 그대 스스로를 위한 일이기도 하다. 굳이 광대하게 인류를 거론하지 않더라도 한 사람 한 사람의 사랑을 실천하는 삶이 모든 사람이 행복진다는 사실을 깨닫고 서로 사랑한다면 그것은 곧 무한한 에너지로 승화되어 인류의 평화를 지키는 막강한 힘을 발휘할 것이다.

그렇다면 사랑의 실체가 무엇인지 살펴보자. 사랑을 정확히 이해해야 그것을 간절히 원할 수 있다. 사랑의 실체조차 제대로 모르는 사람이 어떻게 사랑을 지니고 싶다는 마음을 가질 수 있겠는가. 무엇이든 그것을 원하고자 하면 그것의 실체를 파악하고 이해해야 한다. 그래야 그것을 갖고 싶다는 욕망이 발현될 수 있기 때문이다.

아직 누군가에게 '사랑해'란 말을 한 번도 해보지 못한 사람일지라도 사랑이란 감정의 그 따스함과 아름다움은 본능적으로 알고 있을 것이다. 그만큼 사랑은 모든 인류의 공통된 가치이며 보편화된 감정이다.

그대 가까이에 있는 사람들을 바라보면서 스스로 자문해 보라. 그대의 가장 가까이에 있는 사람조차 사랑하지 못한다면 더 넓은 세상에 있는 숱한 사람들을 사랑하기란 더 요원한 일이 되어버릴 것이다. 그러므로 그대는 이제부터 늘 만날 수 있고 같은 공간에서 함께 항상 마주하며 지내고 있는 가족부터 그대의 사랑을 실천하라. 그런 후에 더 많은 사람들 그리고 더 나아가 동물과 식물, 자연까지도 그대의 사랑을 고대하고 있음을 깨달아야 한다.

그렇다면 도대체 사랑이 얼마나 굉장한 존재이기에 심지어 목숨조차 아낌없이 버리고 그것을 선택하는 사람들이 이렇게도 많은가.

조국의 독립을 위해 자신의 목숨을 바친 순국선열들, 자식을 위해 자신의 소중한 인생마저 헌신하는 이 땅의 부모들, 자유와 정의를 위해 독재자의 서슬 퍼런 권력의 칼날 앞에서도 몽둥이에 맞고 방패에 찍혀 살점이 뜯겨져 나가는 고통 속에서도 조국의 미래를 걱정하며 자신을 희생하는 전 세계의 모든 의로운 이들, 지구촌 곳곳의 재난과 재해를 바라보며 가슴 아파하고 그들의 고통이 사라지길 간절히 기도하며 도움의 손길을 아끼지 않는 사람들.

그들은 사랑의 감정을 그토록 애타게 표현하고 있다. 그런 눈물겨운 사랑이 모여 지금 우리가 살고 있는 이 세상이 이루어진 것임을 잊지 말라고.

사랑은 '나'라는 의식세계를 가뿐히 초월한 큰 인간의 마음이다. 나만의 이익과 행복만을 향해 바라보고 있던 이기적이고 편협한 시각으로부터 벗어나 다른 것들의 고통과 아픔에 대해 눈길을 줄 수 있을 때 보다 평화롭고, 보다 행복한 큰 세상을 만들 수 있다.

사랑은 그대가 도달할 수 있는 최고의 지혜이다. 모든 존재를 골고루 평등하게 차별 없이 사랑할 수 있는 사람은 모든 역경을 이겨내고 인생의 연금술을 이루어낼 수 있는 방법을 터득한 것이나 마찬가지이다. 그래서 인생에서 크게 성공하고 싶다면 사랑하는 마음이 있어야 하는 것이다. 어떤 분야에서 대가가 되고 싶은 사람에게도 사랑의 마음은 그의 성공의 밑바탕이 된다. 이렇듯 사랑은 인생의 모든 것에서 긍정적이면서도 성공적인 방향으로 안내하는 현명하고 유익한 길잡이인 것이다. 그런데 왜 사람들은 사랑하는 일에 이토록 어색하고 서툰 것일까.

그것은 우리들이 사랑의 표현에 서툴기 때문이다. 정말 단 한 점의 단점도 없이 많은 장점을 지니고 있는 사랑을, 단지 표현하기에 서툴고 어색하다는 이유만으로 외면하고 멀리한다면 인생의 성공을 이루고 행복을 완성할 수 없음을 깨달아야 한다. 그대에게 사랑이 필요한 만큼 타인과 다른 사물들도 사랑을 필요로 한다. 때문에 그대는 누구든 무엇이든 공평하게 사랑하겠다는 마음자세를 지녀야 하는 것이다. 아름다운 사람은 얼굴이나 몸매가 아름다운 사람이 아니라 내면에 사랑이 가득한 사람이다. 사랑의 마음을 지닌 눈으로 세상을 바라보면 자신이 무심코 지나치고 외면했던 것들이 얼마나 아름다운 존재인지를 알게 될 것이다. 그래서 얼마나 사랑할 대상이 많은지 또한 자신이 세상으로부터 그동안 얼마나 많은 벅찬 사랑을 받고 살아왔는지를 알게 된다면 정말 깜짝 놀라게 될 것이다. 그대, 이제부터라도 사랑에 익숙해지는 삶을 살자.

사랑이 없는 세상엔 어떤 일이 벌어질까

그대는 어떤 것의 소중함을 뼈저리게 체험하게 될 때는 언제인가.

아마 그 때는 무엇인가가 자신의 곁에서 사라지고 난 후일 것이다. 우리는 어떤 무엇인가가 늘 자신의 주위에 존재하며 항상 함께할 것이라고 생각하기에 그것의 소중함을 깨닫지 못하고 지내기가 쉽다. 그러나 늘 그렇게 그 자리에 변함없이 있을 것만 같았던 존재가 어느 날 홀연히 자취를 감추어버리면 우리는 당황하고 안타까운 마음에 아파하고 슬퍼한다. 심지어 전혀 인간관계가 없는 사람의 실종 소식에도 마치 자신의 일처럼 안타까워하는 것을 보라.

이러한 감정은 인간은 서로서로 애정의 혈관으로 이어져 있는 무관심할 수 없는 관계이기 때문이다. 그래서 누군가의 아픔과 고통에 스스로 감응하는 것이다. 그러나 그토록 정이 많고 온화한 심성을 지닌 인간에게서 어느 날 갑자기 사랑을 거두어 버린다면 어떤 일이 벌어질까.

사랑이 없는 삭막한 세상을 떠올려 본다는 일 자체가 크나큰 고역일 것이다. 그래서 우리는 사랑의 소중함과 필요성에 대해 생각해 볼 수 있는 사색의 시간을 간접적으로나마 체험해 보기 위해 사랑이 없는 세상에서 살아가야 하는 한 사람의 일상을 따라 가보자.

어젯밤 잠자리에 들기 전 희미한 의식으로 본 마감뉴스에서는 급박한 아나운서의 목소리가 긴급속보를 연신 알리고 있었다. 내일부터는 이 세상에서 사랑이 사라질 것이라는 신의 지침이 내려졌다는 보도였다. 신이 언제부터 인간의 일에 이렇게 세밀하게 간섭을 해왔는지는 모르지만 신의 지침이 언론사를 통해 이렇게 대대적으로 보도된다는 것은 인류 역사상 처음 있는 일이었다.

세계 각국의 반응을 전하는 50대 중반쯤 되어 보이는 비쩍 마른 기자의 말끝이 심하게 떨리고 있었고 어둠속 광장에 모여든 시민들의 표정에는 불안한 기색이 역력했지만 나는 코웃음을 치며 설마 그런 일이 있을까 하는 생각에 뉴스를 비웃었다. 요즘 온 세상을 공포의 세상으로 만들고 있는 코로나 19 바이러스에도 사랑의 메시지를 전파해야할 종교계가 이웃을 사랑하라는 가장 기본적인 이념에도 불구하고 바이러스의 온상지가 되고 있는 현실을 꼬집기 위해 방송국에서 기자들에게 그럴듯한 이야기를 지어 국민들을 자극시켜 보라고 옆구리를 찔렀을 것이 틀림없을 것이라고 생각했다.

잠자리에서 일어나 창문을 열고 바라본 하늘은 잔뜩 화가 나서 찌푸린 얼굴로 나를 노려보고 있는 것 같았다. 십년 가까이 혼자 사는 집 안에는 질서의 개념은 오래 전에 상실한 듯 제자리를 잡지 못한 물건들이 여기저기 어지럽게 널브러져 있었다.

출근시간에 늦지 않기 위해서 나는 간단하게 우유와 빵으로 아침식사를 해결하기 위해 냉장고를 문을 잡아당겼다. 그런데 냉장고 문이 열리지 않는 것이었다. 냉장고 문이 고장 났나 하며 이곳저곳을 살펴보아도 아무런 이상을 발견할 수가 없었다. 나는 고개를 갸우뚱거리며 냉장고 문을 발로 걷어찼다.

"야, 빨리 열려. 바빠 죽겠는데 너까지 왜 이러니. 나 얼른 아침식사하고 출근해야 한단 말이야." 하고 소리치며 두어

번 발로 걷어차고 뒤돌아서려는데 나지막하고도 힘이 하나
도 없는 음성이 냉장고 쪽에서 들려왔다.

"나도 알아. 네가 배고픈 거."

분명히 내 주변에는 사람이 없었다. 나 혼자 사는 집 안
에 다른 사람이 있을 리가 만무했다.

"나야. 네가 매일 가슴을 열어보는 냉장고야."

"뭐라고? 냉장고라고."

나는 도무지 믿기지 않는 그 말을 확인해보기 위해 냉장
고를 뚫어져라 바라보았다. 혹시 누군가 숨어서 장난치는
건 아닌가 싶어서 주위를 경계의 눈초리로 둘러보았지만 역
시 아무도 없었다. 냉장고는 여전히 누렇고 꼬질꼬질한 피
부를 지닌 채 그 자리에 멀뚱히 서 있었다. 냉장고 표피에 입
술이나 스피커가 생겼다든지 하는 특이한 변화 또한 감지할
수 없었다. '아무래도 어젯밤에 말도 안 되는 뉴스속보를 보
고서 정신이 몽롱해졌나보군', 하며 세수를 하기 위해 욕실로
들어가려고 발걸음을 옮기려는데 방금 전 그 목소리가 또 들
려왔다.

"미안해. 오늘은 너를 위해 내 가슴을 열어줄 수가 없어."

냉장고에서 나오는 소리가 틀림없었다.

"정말 너, 냉장고구나!"

나는 마치 동화 속 신비의 나라에 온 어린아이처럼 들뜬 목소리로 소리치며 냉장고 앞에 풀썩 주저앉으며 중얼거렸다. '냉장고가 말을 하다니' 멍하게 허공을 바라보고 있는데 냉장고에서 또 말이 들려왔다.

"내게 있던 사랑이 갑자기 사라져버렸어."

냉장고의 목소리는 점점 작아지고 있었다.

"그동안 난 너를 사랑하고 있었거든. 네가 눈치 챘는지 모르겠지만."

"날 사랑하고 있었다고?"

"그래. 난 너를 오래전부터 지켜봐왔지. 아니 내가 처음 이 집에 오던 날부터 모든 걸 기억하고 있어."

나는 냉장고가 말을 한다는 것에 대한 놀라움보다는 냉장고가 나를 사랑하고 있었다는 사실이 더 놀라웠기 때문에 냉장고를 더 뚫어져라 쳐다보았다.

"넌 항상 일터에서 지친 모습으로 집에 돌아왔지. 그리고 피곤에 절은 손길로 내 가슴을 열어 시원한 물 한잔을 마시고는 살며시 미소 지었어. 난 너의 그 모습이 너무 좋았어. 그래서 너에게 시원한 물과 싱싱한 과일을 줄 수 있도록 하기 위해 매일 뼛속을 얼리는 차가운 냉기도 기쁘게 품고 널 기다렸는데."

냉장고는 잠시 숨을 고르는지 가래 끓는 소리를 내며 덜컹거렸다.

"그랬었구나. 난 너를 냉장고 그 이상도 그 이하도 아닌 존재로만 인지하고 살았었는데. 네가 내게 사랑을 주고 있었다니."

내 말을 듣고 있던 냉장고가 울먹이는 목소리로 말했다.

"그래도 좋았어. 네가 나의 존재에 대해 아무런 느낌도 없었다고 해도 나 혼자서라도 너를 사랑할 수 있었다는 사실만으로도 마냥 행복했었는데…, 이제는 그 모든 사랑이 사라지고 말았어. 사랑이 사라진 나는 더 이상 너의 곁에 머무를 자격이 없어. 그래서 더 슬프단다."

냉장고는 그 말을 끝으로 더 이상 말을 하지 않았다. 간간이 눈물을 흘리는지 물방울이 떨어지는 소리가 고통스런 신음소리처럼 어렴풋이 들려왔다.

냉장고가 나를 사랑하고 있었다는 가히 충격적인 고백을 듣고도 나는 여전히 멀쩡했다. 이건 분명 꿈이 아닐까 하는 생각을 하며 나는 냉정을 되찾아 낡은 검정색 구두를 발에 끼워 넣고 집을 나섰다.

사랑, 그것이 도대체 무엇이 길래 사라진다고 어젯밤부터 온 세상이 떠들썩하고 모든 사람들이 절망하고 난리를 치는지 이해가 되질 않았다. 사랑 그런 것 하나쯤 없어도 세상은 멀쩡히 잘 돌아갈 것만 같았다.

거리는 오늘따라 유난히 검푸른 휘장이 드리워진 것처럼 적막했다. 오가는 사람들이 확연하게 눈에 띄게 줄어들거나 오가는 차들의 수가 어제보다 감소한 것도 아닌데 어딘지 모르게 평상시와 느낌이 매우 달랐다. 지나가는 행인들의 눈에는 초점이 흐려진 눈동자가 파기된 생선 눈알처럼 박혀 있었다. 초여름 아침치고는 참으로 어둡고 음습한 아침이었다.

전철 안의 사람들은 서로에게 시선을 주지 않으려는지 각자 다른 방향을 찾아 시선을 꽂느라 여념이 없었으며 누구의 얼굴에도 미소가 보이질 않았다. 모두들 한결같은 무표정을 얼굴에 매달고 멍하니 한 곳만 응시하고 있었다. 나 또한 어제와는 뭔가 달라진 감정으로 채워진 마음이 느껴졌다. 무엇 때문인지 이유는 모르겠지만 총 맞은 가슴, 구멍이 뚫린 것처럼 허전한, 영 개운치 않은 느낌이었다.

무표정한 사람들의 숲을 헤치고 사무실 근처 골목길에 다다랐을 때 나는 한 젊은 청년을 보았다. 그 청년은 먹구름 속에 숨어 있어서 보이지도 않는 태양을 향해 기도를 올리고 있었다. 그의 앞에 차려진 높은 제단 위에는 굵은 문체로 휘갈겨 쓴 듯한 '신이시여, 내게 사랑을 돌려주소서.'라는 기도

문이 적혀 있었다. 청년의 이마에는 굵은 땀방울이 흘러내리고 있었다. 나는 걸음을 멈추고 청년에게 물었다.

"왜 당신은 그렇게 간절히 사랑을 돌려받길 원합니까?"

나의 목소리를 들었는지 그가 감겨있던 눈을 치켜뜨며 소곤거리는 듯 조용한 말투로 대답했다.

"어머니 때문이지요."

"어머니 때문이라뇨?"

갑자기 호기심이 발동한 내가 그에게 그 이유를 대답해 달라는 투로 되물었다. 그러나 그는 다시 눈을 감아버렸다. 나는 궁금한 건 참을 수가 없는 성질이다. 출근 시간이 코앞에 다가왔는데도 궁금해서 그 청년 곁을 떠날 수가 없었다. 한 시간이 넘게 기다리다가 도저히 더 이상은 시간을 지체할 수 없어서 막 그곳을 떠나려고 하는데 청년이 눈을 뜨며 나를 불러 세웠다.

"기다리셨습니까? 죄송합니다. 제가 지금 마음이 너무 급합니다."

"아, 아니 괜찮습니다. 난 당신이 왜 그토록 간절히 사랑을 되돌려 받길 원하는지 궁금했습니다. 이유를 들려주실 수 있겠습니까."

"저희 어머니는 하나 뿐인 자식인 저를 위해 평생을 헌신

하신 분이시지요. 어젯밤에 신께서 이 지구상의 모든 인간으로부터 사랑을 거두어들인다는 발표를 하신 이후로 저는 제게 있는 사랑을 지키기 위해 안간힘을 썼습니다."

"네. 그렇군요."

나는 고개를 끄덕이며 그의 눈을 바라보았다. 참 맑고 깨끗한 눈망울이었다.

"그것은 어머니께서 지금까지 나에게 베풀어주신 무조건적인 사랑에 보답하고 싶었기 때문입니다. 그런데 오늘 아침 저는 사랑이 빠져나간 텅 빈 내 마음을 발견하고 말았습니다. 제게는 이제 사랑이 없습니다. 고맙고 감사하다는 마음은 그저 형식적인 감정일 뿐 어머니를 위해서 사랑을 표현할 그 어떤 의지도 없어진 것입니다. 인간으로서 그것보다 더 슬픈 일이 어디 있겠습니까. 난 다시 사랑을 찾고 싶습니다. 그래서 어머니께 자식으로서 해드릴 수 있는 사랑을 모두 선물해 드리고 싶습니다. 그러나 사랑이 없이 그게 가능한 일일까요. 선생님께서는 괜찮으신가요. 전 지금 죽을 만큼 힘이 듭니다."

청년은 거친 숨을 몰아쉬며 말을 맺었다. 그의 이마에 맺혀 있던 땀방울들이 한꺼번에 쏟아져 흘렀다. 마치 거대한 눈물의 폭포수 같았다.

"저 역시 오늘 아침부터 뭔가 이상한 기분이 느껴집니다. 하지만 아직 사랑이 없어져서 특별히 고통스럽거나 힘들지는 않습니다."

나의 말에 청년은 모호한 표정을 지으며 다시 기도에 열중했다. 제단 위에 적혀진 '신이시여, 내게 사랑을 돌려주소서.'란 문구가 주문을 외는 소리처럼 귓가에 뱅글뱅글 맴돌았다.

나는 시계를 들여다보다가 문득 오늘 아침 사장에게서 온 전화를 떠올렸다.

"자네, 오늘부터 회사에 나오지 않아도 되네."

"네? 무슨 말씀이신지. 월말이라 이것저것 해야 할 일이 많은데요."

나의 말에 사장은 딱딱하게 굳은 식빵 같은, 아무런 감정이 실리지 않은 건조한 부스러기 같은 소리들이 수화기에서 쏟아져 나오는 것 같았다.

"안 나와도 된다고 하지 않나. 무슨 말이 이리 많아."

그리고는 사장은 일방적으로 전화를 끊어버렸다.

나는 잠결에 받아서 그 전화가 꿈속의 일인 것만 같았다. 그래서 잠시 사장과의 전화통화 자체를 망각했던 것이다. 출근한다고 이렇게 나온 내가 한심스러워서 헛웃음을 웃었다.

그런데 사장은 평상시와 완전히 달라진 말투를 쓰고 있었다. 사장은 뚱뚱하고 행동이 느리긴 했지만 직원들의 사소한 걱정거리까지도 함께 고민해주는 자상한 마음씨를 지닌 사람이었다. 이렇게 무책임하게 회사에 나오지 않아도 된다고 한마디 내던지고 직원을 해고할 그런 사람은 결코 아니었던 것이다.

오늘은 모든 것들이 엉망으로 돌아가는 것 같다. 그 때 뭔가 물컹한 게 신발바닥에 밟혀져 왔다. 이런 시팔, 떠돌이 개가 싸놓은 똥이었다. 더럽고 냄새나는 것. 나는 저절로 인상이 변기 속 휴지처럼 구겨졌다. 하지만 누구나 살아 있다면 배설해야 하는 것 아닌가. 나는 구두 바닥을 닦아볼 요량으로 도로 화단의 잔디에 구두를 신경질적으로 문지르고 있는데 누군가 말을 걸어왔다.

"이것 좀 도와주시겠습니까?"

단정하게 빗은 단발머리가 인상적인 중년의 여인이었다. 그녀는 커다란 물체 두 개를 앞에 두고 그것들을 잇는 끈을 내게 내밀었다. 나는 얼떨결에 그녀가 내미는 끈의 한쪽을 받아들었다.

"고맙습니다. 난 과학자예요. 인간에게 사랑을 대체할 그 무엇을 개발하고 있는 중입니다."

나는 끈을 쥐고 있는 내 손을 바라보며 말했다.

"어떻게 당신이 생각하는 일은 잘 되어 가고 있습니까?"

나는 전혀 관심이 없었지만 인사치레로 물어보았다. 사랑을 대체할 그 무엇을 개발한다면 실험실에서 조용히 만들던지, 아니면 자기 집 안방에서 구상하던지 해야지 대로변에서 지금 이 여자는 뭐하는 건가. 혹시 사기꾼이나 사람들을 교묘하게 유혹하려는 사이비종교의 신도가 아닐까하는 생각도 들었다.

"아닙니다. 잘 되지 않습니다. 어제까지만 해도 저는 제가 근무하는 연구실에서 불치병을 치료하는 신약개발을 하고 있었습니다. 그런데 어젯밤에 이 세상에서 사랑이 사라지게 된다는 사형선고와 같은 말을 듣고 나서 바로 사랑을 대체할 물질을 개발하는데 착수했습니다만."

과학자는 한숨을 땅이 꺼지고도 남을 만큼 내쉬었다.

나는 그녀의 미간에 깊은 시름 때문인지 주름살이 눈에 띄게 많아 보인다고 생각을 하면서도 슬그머니 그녀의 몸매를 훑어보고 있었다. 여자만 보면 왜 이렇게 눈길이 이곳저곳을 더듬는 습관이 언제부터 생겼는지 나도 모를 일이었다.

"이제는 그렇게 절실하게 사람들을 위해 뭔가를 개발하겠다는 마음이 들지 않네요."

나는 발정 난 수컷의 그것처럼 흔들리는 시선을 겨우 바로잡고 그녀의 눈에 시선을 고정시켰다. 과학자다운 풍모가 풍겨나는 고상한 말투를 구사하는 그녀의 단아한 아름다움이 정오의 하늘 아래에서 조용히 빛나고 있었다.

"정말 이상하네요. 왜 다들 사랑이 없어진 이후로 이렇게 혼란스러워하는지 모르겠습니다. 허허."

나는 허탈한 웃음으로 엉큼한 마음을 숨기며 입으로는 다른 이들을 개탄했다.

"사람들은 사랑이 그동안 얼마나 많이 자신의 삶을 든든하게 지탱해왔는지 깨닫지 못했던 것이지요. 저 또한 그랬고요."

그녀는 들고 있던 끈 한쪽을 힘없이 내려놓으며 말했다.

"지금 저는 무엇을 위해 살아가야 할지 모르는 사람이 되어버렸습니다."

"당신은 훌륭한 일들을 많이 해왔을 것이고 앞으로도 그보다 더 좋은 일들을 할 분 같습니다. 용기를 내십시오."

"그래요, 고맙습니다. 사랑을 대체할 물질을 얼른 개발해야겠지요. 그런데 신약을 꼭 계발해야 한다는 간절한 마음은 없네요. 다른 사람들에게 도움을 주고 싶다는 절실한 마음도 없고요. 사랑이 없는 마음은 이처럼 삭막하고 가슴이 타고

갈증 나는 것이네요."

　과학자를 남겨두고 그 곳을 떠나오는데 그녀가 흐느끼는지 울먹거리는 소리가 등 뒤에서 들려왔다. 그리고 보니 곁을 스쳐가는 사람들의 표정은 하나같이 손대면 툭하고 터질 것만 같은, 마치 물이 가득 채워진 풍선을 하나씩 가슴에 매달고 지나가는 것 같았다.

　집으로 돌아가야겠다고 생각한 내가 횡단보도 앞에 서 있는데 90세는 족히 되어 보이는 노인이 내 곁에 섰다. 신호등 색깔은 붉은 색에서 초록색으로 막 바뀌고 있었다. 내 옆에서 신호를 기다리던 노인은 신호가 바뀌자마자 내가 말릴 겨를도 없이 횡단보도 위를 빠른 걸음으로 걸어갔다. 그런데 그때 과속으로 달려오던 자동차 한 대가 노인이 미처 피할 여유도 없이 노인의 마른 몸을 허공으로 날려버렸다. 노인은 외마디 비명도 내지르지 못하고 수 미터 밖까지 날아가서 툭하고 떨어졌다. 나와 같이 그 장면을 목격한 횡단보도앞 사람들만 해도 이십 명은 넘었다. 그러나 그 누구도 그 노인에게 다가가 상태를 살피거나 안타까워하지 않는 것이었다. 모두들 멍한 표정으로 피를 흘리며 쓰러져 있는 노인을 한번 흘끔 쳐다보고는 지나쳐갔다.

지옥이 따로 있을까 싶다. 이제 인간은 죽어서 지옥에 갈 걱정을 하기 보다는 살아있는 동안 끔찍한 경험을 하게 된 것이다. 나는 사람들에게 큰 소리로 말하고 싶은 충동이 일어났다.

"사랑이 당신들 곁에 머무를 때 바로 그 때가 천국에 살고 있는 것이라고. 사랑을 소중히 여기고 가슴에 늘 간직하라고."

가슴 속에서 사랑이 사라져 버린 사람을 보라.

사랑이 사라진 인간의 모습은 고갈되어가는 천연자원처럼 황폐화 되어 가고 있다. 이렇게 점점 줄어들어가는 사랑을 이제는 우리가 합심해서 지켜야 할 때이다. 지키는 것에서 그칠 것이 아니라 더 많이 퍼뜨리고 번영시켜야 한다. 사랑이 없어지는 참담한 세상이 되기 전에 자신에게 내재되어 있는 사랑의 씨앗들을 찾아내어 싹틔워야 할 것이다. 가슴 속에 타인을 배려하고 이해하며 희생하는 비옥한 마음의 토양을 마련하라.

그대는 사랑 받으며 살고 싶은가. 그렇다면 먼저 그대 앞에 있는 모든 것들을 사랑하라.

사랑은 인생을 향기롭게 한다

흙먼지 휘날리는 도로 건설현장에서 일하는 시커멓게 그을린 피부를 지닌 일용직 일군이든지 아니면 그가 백만 달러의 몸값을 지닌 꽃미남 한류스타이든지 자기 몸에서 악취가 풍기는 것을 원하는 사람은 없다. 누구나 자신이 향기로운 존재로 기억되길 원한다. 그래서 외모를 가꾸는 일에 치중한다. 그러나 아무리 값비싸고 향기로운 향수를 몸 구석구석에 뿌린다고 해도 내면의 아름다움이 채워지지 않은 사람에게서는 형언할 수 없는 악취가 진동한다. 주위 사람들은 그의 냄새를 금세 알아차리지만 정작 본인은 자신에게서 그런 고약한 체취가 새어나오는 걸 느끼지 못한다. 왜냐하면 인간은 자신의 단점은 외면하고 장점만을 바라보려고 하기 때문이다.

그대가 사랑이 없는 사람이라면 악취가 참을 수 없을 만큼 진동할 것이다. 그렇지만 그 악취를 맡을 수 없는 사람은 오로지 자기 자신 뿐이다. 주위의 모든 사람들은 그대에게서 추악한 냄새가 나고 있다는 걸 인식한다. 그렇지만 아무도 그대에게 그 사실을 알려주지는 않을 것이다. 왜냐하면 그대에게서 얻어낼 것이 있다고 판단하는 사람은 그대 곁에 자발적으로 머무를 것이지만 그렇지 않은 사람들은 미련 없이 그대의 곁을 떠날 것이기 때문이다.

그대 곁에 남아 있는 사람들은 비록 물질적인 이득을 얻기 위해 함께 있지만 그대에게서 나오는 고약한 악취를 참아내기 위해 남몰래 고생하게 될 것이다.

지금 그대의 내면 어느 부위에서 서서히 악취가 생성되고 있는지도 모른다. 그대 스스로 사랑의 마음이 점차 줄어들어가고 있음을 느낀다면 어서 빨리 그대의 인생통장에 사랑이란 자금을 서둘러서 입금시켜야 한다. 사랑이 담겨 있어야할 인생의 통장을 바닥이 드러나게 내버려둔다면 그 통장에는 악마와 타협한 불행한 감정들이 무더기로 자동이체 되어 들어 올 것이다.

인생을 자신의 의지대로 살아가고 보람을 느끼며 살고 싶다면 그대는 내면을 사랑으로 가득 채울 수 있을까 하는 방법을 진지하게 생각해보아야 한다.

연민은 사랑의 시작점이다. 우리가 무엇인가를 사랑하려면 그것에 대해 연민을 느낄 수 있어야 한다. 연민은 안타까워하고 걱정해주는 마음이다. 진솔하게 걱정하고 염려하며 가여워하는 마음을 지녀야 사랑의 위대한 첫 발자국을 내디딜 수 있는 것이다.

진솔한 마음은 거짓이 없는 순결한 마음이다. 진솔하게 사람을 대하고 진심으로 존중하는 마음으로 사람들을 대한다면 그대는 인격적으로 성숙된 심성의 소유자이다. 아무리 높은 지식을 지닌 사람일지라도 진심이 배제된 장황한 말은, 진심을 지닌 그대의 진솔한 한 마디 말보다 인격적으로 높은 감흥을 주지 못하는 것이다.

그대는 인생을 향기롭게 채워가고 싶은가.

그렇게 하기 위해서 우선 자신의 모든 것을 먼저 사랑해야 할 것이다. 자신을 사랑할 줄 아는 사람이라야 타인도 사랑할 수 있는 마음의 공간이 생겨날 수 있다. 지금 현재의 그대의 모습을 바라보라. 비록 남들보다 가진 게 없고 배운 게 조금 부족하고 명성도 없다고 해도 그대는 세상에서 가장 존귀하고 뛰어난 존재이다.

이 세상을 살아가는 모든 인간은 평등하다. 누가 더 잘

났고 누가 더 못났다고 하는 것은 어리석은 인간들의 생각일 뿐이다. 그대가 현명한 사람이라면 지금 자신 주위에 있는 모든 사람들이 모두 귀하고 소중한 존재라고 인식하는 것이다. 그 중에서 가장 극진하게 위해야 하는 사람이 누구인가.

바로 자기 자신이다. 타인을 사랑하기 전에 자기 자신을 사랑해야 함은 당연한 일이다. 자신이 지닌 단점들에 대해서 자책하지 말고 더 나은 미래의 모습을 향해 나아가기 위해 자신의 단점들을 인정하고 수용해서 단점이 장점으로 승화될 수 있도록 노력하라.

단점은 얼마든지 장점으로 찬란하게 승화될 수 있다. 사악한 인간도 얼마든지 세상에서 가장 착하고 자애로운 인간으로 바뀔 수 있다. 그것은 자신을 얼마나 사랑하느냐에 따라 좌지우지 된다는 것을 명심하라. 자신을 사랑할 수 있는 사람이라야 사랑의 향기를 넓게 퍼지게 할 수 있을 것이다.

하지만 어떤 일에서건 적당한 선이라는 것이 있다. 그 선을 넘어서서 감당할 수 없는 지경의 어리석은 행동이 지속되면 필연적으로 스스로에게 해로운 결과를 초래하게 된다. 이렇듯 자신을 사랑해야 하는 것도 어느 정도에 한해서이다. 수술을 받을 때 주로 사용하는 마취제인 프로포폴은 고통을 줄여주고 안정적인 상태에서 수술을 받을 수 있도록 많은 도움을 주지만 그것을 남용하게 되면 정상적인 생활을 할 수 없게 되고 갑작스럽게 비참한 최후를 맞이하게 되는 부작용도 발생할 수 있다. 그러므로 자신을 사랑하는 일에 있어서도 적절한 자제력이 반드시 필요하다. 지나친 자기애에 사로잡히게 되면 무엇이든 자기중심으로 생각하고 행동하게 되므로 타인에 대한 배려나 존중하는 마음을 갖기가 어려워진다. 편협한 세계에 자신을 스스로 가두고 마는 결과를 초래하게 되는 것이다.

인간은 서로 기대고 의지하며 살아가고 있는 상호의존적인 존재이다. 자기 자신만 아끼고 위하게 되면 인간관계에서 수시로 위험한 상황을 초래할 수 있게 된다. 왜냐하면 주변 사람들은 그대로부터 관심과 사랑을 받기를 무의식중에 바라고 있다. 그런데 그대가 오로지 자신만을 위하여 살아가는 모습을 보인다면 그들은 무의식중에 분노하여 그대로부터 돌아서게 되는 일이 발생하기 때문이다.

자신을 사랑하면서도 타인을 사랑하는 것, 이것이 진정한 사랑이다. 누구나 타인으로부터 사랑받고 싶은 본능적 마음이 있다는 것을 이해하면 어느 누구를 대하더라도 독단적이고 이기적인 언행을 자제할 수 있을 것이다.

자신 스스로에게 최고의 사랑을 선물하고 싶다면 자신을

향한 사랑의 일부분을 세상과 타인을 위해 나누도록 하라. 그러면 그대의 소소하고 작은 사랑에도 세상은 그대에게 그 것보다 훨씬 크고 아름다운 사랑을 되돌려 줄 것이다.

지독한 자기애에 사로잡힌 채 욕망의 눈으로 세상을 살 아가는 사람을 보라.

그들의 마음속에는 위험한 욕망들이 꿈틀거리며 도사리 고 있다. 얼핏 보기엔 그들의 행동은 성공의 표상처럼 보일 수도 있지만 사실 파멸의 수렁으로 이끌려가고 있는 영혼의 절규가 팽창한 것임을 알아야 한다.

그들에겐 현명한 그대의 도움이 필요하다. 그들에게 같 은 인간으로서 연민을 느끼고 지독한 자기애로부터 벗어나 타인과 세상을 향한 사랑을 나눌 수 있는 넓은 마음을 지닐 수 있도록 도와주길 바란다. 그들은 타인으로부터 진실하고 따뜻한 사랑을 받아보지 못했기에 그만큼 다른 사람들로부 터 사랑받지 못한 사람임을 스스로 드러내고 있는 것이다. 그러므로 그대의 주변에 그런 사람이 있다면 아무런 조건을 내걸지 말고 그를 사랑해주길 바란다. 그들에게는 지금 그대 의 사랑이란 약이 절실하게 필요하다.

진정한 사랑은 죽음도 소멸시킬 수 없다

몇 년 전 중국의 수려한 풍경을 자랑하는 도시 쓰촨성에서는 상상할 수 없을 만큼 강도가 큰 대지진이 일어나 수 만 명의 인명이 희생되는 슬픈 일이 있었다. 순식간에 어떻게 대처할 방법도 없이 벌어진 대자연의 재앙 앞에 많은 사람들이 안타까운 죽음을 맞이했다. 실로 인간이란 얼마나 나약한 존재인가를 체감할 수 있었던 사건이 아니었는가.

인간이 자랑스럽게 여기며 수천 년 동안 세워놓은 건물들이며 온갖 문명의 이기들이 한 순간에 물거품이 되어버리는 광경을 보고 경악하지 않을 수 없었다. 더구나 우리들의 가슴을 미어지게 한 숱한 사연들이 속속 보도를 통해 알려지면서 다른 나라에 사는 사람들까지도 눈물을 흘리게 만들었다.

지진이 휩쓸고 간 어느 지역에서 두 구의 시신이 발견되어 현장에 있던 구조대원들은 물론 모든 사람들을 숙연하게 만든 일이 있었다. 그것은 바로 젊은 엄마와 어린 아이의 주검이었다. 흙더미를 뒤집어쓴 채 어린 아들을 품에 꼭 안고 있는 모습은 금방이라도 다시 깨어날 것처럼 생생했다. 방금 전까지 식사를 하고 있었던 듯 손에는 수저가 들려 있었고 엄마는 아이를 지키기 위해 필사의 몸부림을 친 듯 아이의 작고 어린 몸을 꼭 끌어안고 있었다.

얼마나 사랑하던 자식이었을까. 그 자식을 위해 김이 모락모락 나는 밥을 짓고 맛있는 반찬들을 준비해서 막 식사를 하려던 찰나에 생각지도 못한 지진으로 인해 흙집의 지붕이 와르르 무너져 내릴 때 엄마의 마음은 얼마나 처참하게 무너져 내리고 말았을까. 자신의 죽음보다는 아직 피어보지도 못한 어린 것의 고통과 죽음에 더 가슴이 찢겨지는 슬픔을 느꼈을 것이다.

엄마는 아이를 품에 안고 눈물 속에 스러져 갔지만 우리는 그들의 모습에서 분명히 보았다. 죽음조차도 소멸시키지 못한 사랑의 아름다운 힘을.

두 사람의 생명의 불꽃은 지진이 일어나 흙집이 무너져 내린 바로 그 순간에 모두 사라진 듯 보이지만 사랑으로 맺어진 엄마와 아이의 영원한 생명은 우주의 시공간 속에 영속되고 있었던 것이다. 그래서 세상에 남겨진 수많은 사람들에게 진실한 사랑의 아름다움과 진정한 가치에 대해 두 모자는 영혼의 몸짓으로 말해주고 있었던 것이다.

사랑은 모든 생명을 집어삼키는 암흑의 사자 죽음도 어찌하지 못하는 영원불멸의 존재이다. 그대는 사랑의 영원함을 믿어야 한다. 그리고 더 많이 사랑하는 일에 기쁘게 나서야 한다. 진정한 사랑은 죽음도 소멸시킬 수 없다는 진리는 우리에게 얼마나 큰 위안을 주는가. 만약에 그렇지 않고 사랑이 이 생애에서 끝나버리는 덧없는 것이라면 지금까지 이렇듯 아름답고 따뜻하고 고운 사랑의 입자들이 인간에게서 인간에게로 끊임없이 전해내려 오지는 못했을 것이다.

그대에게 도저히 사랑할 수 없는 사람이 있는가. 그 사람만 보면 혈압이 치솟고 뒷골이 당기며 삶의 의욕조차 잃어버릴 만큼 싫은 그런 사람이 있는가.

사랑하고 싶은 마음이 샘물처럼 솟아나게 만드는 사람을 사랑하는 일은 누구라도 할 수 있는 일이다. 하지만 도저히 사랑할 수 없는 사람을 사랑하는 일은 아무나 할 수 없는 신성하고 가치 있는 행위이다.

인생의 연금술을 터득하기 위해 나와 함께 여행을 나선 용기 있는 그대라면 도저히 사랑할 수 없어 보이는 그런 사람을 사랑하는 일에 더 많은 정성과 시간을 기울여야 할 것이다. 어떻게 하면 그런 이들까지 사랑할 수 있을까.

모든 생명을 집어삼키는 무법자 죽음 또한 어찌하지 못하는 진정한 사랑을 하고 싶다면 자신이 지금 사랑하고 있는 익숙한 사람만 사랑하기 위해 노력하지 말고 자신과 갈등을 겪고 있는 사람에게도 그대의 진솔한 사랑의 마음이 전해질 수 있도록 심혈을 기울여 보길 바란다. 그것이 곧 진정한 사랑의 길임을 깨닫게 될 것이다.

바로 오늘부터 사랑하라

그대의 가슴을 콩닥콩닥 뛰게 만들고 설레게 만드는 마법의 힘을 지닌 사랑을 하고 싶다면 그대는 더 이상 우물쭈물 망설이거나 하염없이 미래의 어느 날로 미루지 말고 바로 오늘부터 사랑하라.

사랑을 하는 것이 지나간 시간 속으로 회귀해 누군가가 자신을 사랑해주길 바랄 수도 없는 일이고, 몇 년 후 쯤 멋진 누군가가 찾아와 자신을 사랑해주길 그저 막연히 상상하며 살아가기도 어려운 일이다. 그러기에 바로 오늘이야말로 그대가 향기로운 사랑의 언어와 자애로움 가득한 사랑의 몸짓을 해줄 수 있다면 실의에 빠져 절망의 독주를 들이키고 있던 어둠 속을 헤매던 사람들이 삶의 밝은 희망을 되찾고 잃어버렸던 행복을 되찾을 수 있을 것이다.

꿈과 희망과 생의 의지를 상실한 그들은 지금 이 순간 절실하게 그대의 사랑의 말 한 마디 사랑의 손길을 기다리고 있다. 그들에게 굳센 신념과 힘의 숨결을 불어넣어주고 다부진 용기를 건네줄 수 있는 사람은 그 누구도 아닌 바로 그대이다. 바로 그대가 바로 오늘부터 자신들을 사랑해주길 열렬히 바라고 있는 것이다.

그들은 그대가 어떤 사랑을 해주길 바라고 있을까.

그들은 그대가 사랑을 줌으로써 삶의 보람과 긍지를 느끼고 행복을 가슴 속에 한 아름 품어 안을 수 있는 그런 사랑을 원하고 있다. 그대는 그들을 사랑함으로써 인생의 그늘 속에 지쳐 쓰러진 사람들을 위로할 수 있고 자신 또한 삶의 의욕이 고취되고 향상될 수 있는 신선한 계기를 마련하게 될 것이다.

자식을 사랑하는 것도 부모를 존중하는 것도 이웃을 위해 배려하는 것도 생면부지의 낯선 거리의 걸인을 측은지심의 마음으로 돌보는 것도 모두 사랑을 실천하는 아름다운 일이다. 그대가 사랑을 진실한 마음으로 실천하고 있다면 세상의 어떤 미사여구도 필요치 않은 가장 으뜸이 되는 사랑을 하고 있는 것이다. 그렇지만 이토록 아름답고 가치 있는 사랑도 오늘 하지 않으면 아무 소용이 없다. 오늘 그대가 사랑을 줌으로써 얼마나 큰 기적 같은 일이 벌어질 수 있다는 사실을 알고 있는가.

인류에게 큰 공헌을 한 위인들에게는 그들을 전적으로 믿고 사랑해주었던 사람들이 한 폭의 은은한 배경처럼 늘 자리하고 있었다.

그대의 사랑의 말 한 마디가 한 사람의 인생을 성공의 방향으로 이끌고 죽음의 수렁에서 건져내어 긍정적인 인생관을 가질 수 있도록 할 수 있음을 기억하라. 그대의 사랑은 그런 생명수와 같은 희망의 메시지를 전달할 수 있는 거대한 힘을 지니고 있다.

인간의 몸은 산소 65%, 탄소 18.5%, 수소 9.5%, 질소 3.2%, 칼슘 1.5%, 인1%, 황 0.3% 로 이루어져 있지만 그런 물질적인 것에 사랑이 더해짐으로서 비로소 우주에서 가장 아름답고 지혜로운 생명을 유지하고 있는 것이다. 사랑으로 인해 인간은 비로소 완벽한 영혼을 완성할 수 있었다. 그 완벽한 영혼을 지니고 있기에 인간은 지상의 모든 것들 위에 제왕처럼 군림할 수 있었던 것이다.

그러나 점점 물질만능주의에 물들어가는 세상에서 사랑은 설 자리를 잃고 쓸쓸히 거리를 떠돌고 있다. 자신을 버린 주인들에게 원망조차 하지 못한 채 대기 중에 외롭게 유영하고 있는 상처 입은 사랑들을 보라.

　사랑을 냉정하게 자신의 몸 밖으로 내버리고서도 사람들은 더 잘 먹고 더 잘 입으며 심지어 사랑을 지니고 살 때보다도 더 풍요롭게 사는 것처럼 보인다. 그러나 그것은 모래 위에 지어진 화려한 성과 같이 허황한 이룸이다. 머지않아 사랑이 없이 이루어진 모든 것들이 허물어지고 파괴될 것임은 분명한 우주의 질서이다.

　이제 그대는 인간의 본성을 온전하게 지탱해주고 또한 영혼을 아름답게 완성시켜주는 사랑을 되찾는 일을 시작해야 한다.

　"너부터 해. 난 지금 중요한 일을 해야 하니 너희들부터 사랑을 찾는 일을 하란 말이야."라며 떠넘기지 말고 그대가 먼저 사랑을 하고 버려진 슬픈 사랑들을 되찾아 새로운 보금자리를 마련해주는 선구자의 길을 걷길 바란다.

　사랑을 되찾는 일을 실천하며 노력하는 그대는 많은 이들로부터 오히려 더 큰 사랑이라는 소중한 선물을 받게 될 것이다. 사랑을 찾고 키워가며 나누어줄 수 있는 의미 있는 일을 시작하는 시간이 바로 오늘이 가장 좋은 날임을 깨달으라.

한 사람을 사랑하는 일은
우주를 사랑하는 것과 같다

사랑하는 일은 생각과는 달리 그리 간단하거나 쉽지만은 않을 수 있다. 왜냐하면 솔직히 인간은 다른 사람을 사랑하기보다는 다른 이들의 숨겨진 약점과 단점을 꺼내어 틈틈이 술안주를 씹어 먹듯이 헐뜯기를 즐기고 날카로운 증오의 손가락으로 타인의 입술을 강제로 벌려 쓰디쓴 비난의 독주를 먹이기를 즐겨한다. 그렇게 하는 것이 누군가를 사랑하는 일보다 수월하게 느껴지기 때문이다. 그렇게 타인의 삶을 속살이 드러날 때까지 낱낱이 발가벗기고 상처내고 깎아내리면서 자신이 조금 더 우월한 위치에 올라선 것 같은 착각의 늪에 자주 빠지곤 한다. 그러나 그것은 정말 자신만의 오해와 착각일 뿐이다. 타인의 상처 난 등을 짓밟고 올라선 정상은 참다운 성공의 자리가 아니라 그들의 눈물을 양분삼아 잠시 머무르고 있는 공허한 세계임을 깨달아야 할 것이다.

다른 이의 가슴에 못을 박고 상처를 내면서 무엇을 얻고자 하는 일처럼 어리석고 비열한 짓은 없다. 타인을 사랑하는 마음을 갖기 위해 조금이라도 노력해보지 않은 사람은 인간의 모양을 한 가면을 덮어쓰고 잠시 세상을 살아가는 무생물과 같은 존재이다. 그러므로 그대는 사람을 사랑하는 일에 진심을 다하는 자세를 항상 가슴에 지녀야 할 것이다.

그대는 바르고 참되게 살아가는 일이 옛 조상들의 고루한 정신이라고 치부해버리지는 않았는가. 그러나 그러한 삶의 자세가 그대가 반드시 갖추어야 하는 예의이며 기본적 소양인 것이다. 한 사람을 사랑하는 일은 저 무한한 우주를 사랑하는 것과 같다. 한 사람 한 사람은 모두 우주를 축소시켜놓은 소우주와 같고 그 안에는 인생의 원천이 될 수많은 이야기들이 담겨져 있는 것이다. 그 누구도 단정적으로 다른 사람의 영혼의 깊이와 넓이를 함부로 추정해서는 안 된다. 심지어 자기 자신조차 자신이 얼마나 깊고 넓은 자아를 지니고 있는지 모르고 살아가고 있는 것이 현실이다. 이러한 상황에서 타인에 대해 판단의 잣대를 들이대는 일이란 얼마나 어리석고 무모한 짓인가.

그대가 누군가를 함부로 판단하려고 하지 않고 한 사람

을 진실함으로 사랑할 수 있게 되었다면 그대는 광활하고 신비로운 우주를 사랑할 수 있게 된 것과 같다고 할 수 있다.

나는 지금 그대와 영혼의 교류를 하고 있다. 그대가 이 책을 품에 안은 순간 나의 깨달음들을 얻기 위한 첫걸음을 뗀 것이다. 내 머릿속에서 서서히 쏟아져 나오는 언어들은 내가 몸소 깨달은 지혜임을 다시 한 번 상기하길 바란다.

나는 사랑에 관하여 이 책의 상당 부분을 할애하라는 내 영혼의 속삭임을 들었다. 내가 어디에 있든 그대가 어느 자리에서 이 책을 읽든 나의 깨달음의 글을 읽음으로써 내 영혼의 일부가 그대와 대화를 나누고 있다고 생각하면 될 것이다. 내가 쓰는 글 안에는 나의 깨달음이 새겨져 있기 때문이다.

사랑은 인간의 절대적 본질이다. 한 사람을 사랑하는 것은 우주의 모든 것들을 사랑하는 것과 같다는 것을 다시 한 번 그대에게 말해주고 싶다. 모든 사람을 모두 사랑하기 위해 애쓸 것이 아니라 우선 한 사람이라도 완벽하게 사랑하게 될 때까지 사랑해 보라. 그것이 사랑의 현명한 방식이다. 그 한 사람을 참으로 진솔한 마음으로 사랑할 수 있게 되었다면 차츰 사람들에 대해 사랑하는 자세가 갖추어져 있게 될 것이므로 모든 사람에 대해서도 더 진실한 사랑을 하게 될 것이다.

어떻게 그 한 사람을 진정 사랑할 것인가. 이제 나는 그 방법에 대해 그대와 진지하게 고민해볼 것이다.

무엇을 얻고자 한다면 그에 상응하는 노력을 대가로 치러야 하는 것이 자연의 법칙이며 순리이다. 그대가 진솔한 사랑의 마음을 베푸는 사람이 되길 원한다면 그렇게 되기 위한 노력을 해야 하는 것은 당연한 일이다. 또한 노력에는 반드시 어떤 보상이 따르게 되어 있다. 당장에 그 보상이 보이지 않는 것 같을지라도 노력에 대한 보상은 반드시 언젠가는 그대에게 찾아오게 되어 있다는 것을 명심하라.

많은 사람들이 열심히 무엇인가를 이루기 위해 노력하다가 보상의 기미가 보이지 않는다는 사실에 실망한 채 중도에서 그 노력을 포기해버리기 때문에 성공의 길에 들어서지 못한다. 그들은 성공의 집 바로 앞에까지 왔다가 대문이 열려 있지 않다는 이유 하나만으로 뒤돌아서서 예전의 그저 그런 삶으로 되돌아가버린다. 조금만 더 힘을 내어 문을 밀기만 하면 되는데 그 마지막 노력을 하지 않음으로 해서 성공으로부터 영영 멀어져버리게 되는 것이다. 사랑을 하는 것도 노력이 필요하다. 추악함과 빈곤함과 비통함과 최상의 환희에 이르기까지 그 모든 것들을 공평하게 사랑할 수 있는 사람이 되기 위해 노력하고 실천하라.

미운 사람을 미워하는 일은 인간에 대한 이해가 부족한 사람들의 몫이다. 그대는 미운 사람을 미워하기보다는 오히려 사랑해주고 한없이 악한 사람에게도 무지개처럼 아름다운 사랑을 전하여 착한 심성을 지닌 사람으로 바꾸어줄 수 있는 사랑을 지닌 사람이 되길 바란다.

거짓 없이 사랑하라

　사랑에도 예절이 있다. 그것은 거짓 없이 진실하게 사랑해야 한다는 것이다. 한 여자가 한 남자를 거짓사랑으로 자신의 물질적 이익을 추구하려고 한다는 사실을 남자가 알게된다면 그의 마음은 어떠하겠는가. 또한 한 남자가 한 여자를 사랑하는 척하면서 오직 그 여자의 육체를 탐닉하기 위하여 거짓으로 사랑을 맹세하며 실컷 농락하다가 헌 신발짝 내버리듯이 냅다 버리고 새로운 여자의 육체를 찾아 떠나는 일도 비일비재하게 일어나는 세상이다.

　거짓으로 그럴 듯하게 꾸며서 타인을 현혹시키고 이득을 추구하는 일만큼 비열한 짓은 없다. 더 기가 막힌 것은 거짓말을 밥 먹듯이 하는 사람의 얼굴은 얼핏 착해 보이고 순수해보이기까지 해서 외모만 보고 그 사람의 내면을 금방 알아차릴 수가 없다. 그러므로 많은 사람들이 그들의 간교한 거짓말에 깜박 속아 넘어가 가진 재산을 잃고 치명적인 정신적 상처를 받고서 후회하게 되는 것이다.

인생의 지혜를 얻고 행복한 삶을 이루기 위해서는 자신을 속이고 타인에게 씻을 수 없는 상처를 줄 수 있는 거짓말을 해서는 안 된다. 거짓된 행동 역시 해서는 안 되는 금기사항이다. 진솔하지 못한 사람은 성공을 이룰 자격을 이미 상실한 사람이다. 그런데 입을 열 때마다 거짓말을 상습적으로 내뱉는 사람이 그렇지 않은 사람보다 더 많은 돈을 벌고 사회적으로 성공하고 있는 경우가 많이 있다. 그러나 그러한 성공은 행복이 그의 곁에 오래 머무르지 않을 것이므로 그리 부러워할 일이 아니다.

그대가 진솔한 마음으로 세상을 살아간다면 먼저 그대 스스로가 자신을 자랑스러워하게 되고 인간관계 또한 원활할 것이다. 그것만으로도 그대는 세상에 도움을 주는 사람이 되는 것이다. 타인을 속이거나 기만하지 않고 사는 사람에게 성공은 자연스럽게 찾아올 것이다. 그것이 비록 물질적인 성공은 아닐지라도 성공 중 가장 큰 성공 즉 바로 자기 자신에게 인정을 받게 되는 것이다. 스스로가 자신의 삶에 대해 만족할 수 있다면 그것이 가장 큰 성공이 아니겠는가.

거짓으로 덕지덕지 더께가 낀 사람은 결코 자기 자신에 대해 스스로 만족할 수 없다. 아무리 부정하려고 해도 거짓으로 범벅이 된 자신의 양심을 속일 수 없기 때문이다. 그래서 진솔한 마음은 인생의 연금술을 이루려는 그대에게 가장 소중한 자산이 될 것이다.

사랑하는 자세 역시 거짓이 없어야 한다. 거짓 사랑은 인간의 가장 아름답고 성스러운 가치인 사랑을 철저히 유린하는 반인간적인 행위이다.

반면 진실한 마음을 지닌 사람은 사랑하는 자세 또한 진솔하다. 진심으로 사랑하고 아껴주는 사람에게 고마움을 느끼지 않을 사람은 없을 것이다. 진정한 사랑을 베풀면 그대는 자신이 베푼 사랑보다 더욱 큰 사랑을 다시 되돌려 받게 될 것이며 마음의 평화를 덤으로 얻게 될 것이다. 타인을 속이거나 기만하지 않고 늘 정직하게 대하니 다음번에 만나면 또 어떤 거짓말로 그를 교묘하게 속여야 하나 걱정할 일도 없을 것이고 재수 없게 들통 나면 어쩌지 하며 근심할 일도 없을 것이므로 늘 마음이 잔잔하고 평화로울 수밖에 없다.

사랑이 우리에게 주는 선물들

　누군가에게서 기대하지 않았던 반가운 선물을 받는 일은 기분 좋고 유쾌한 일이다. 사랑을 하게 되면 우리는 갖가지 알차고 향기로운 선물들을 받게 된다. 특이한 점은 선물을 주고받는 주체가 동일하다는 사실이다.

　그대가 어느 날 사랑을 하게 되면 그대 스스로의 가슴속에서 우러나오는 숱한 선물들을 받게 되는 것이다. 그것은 그대가 세상을 살아갈 수 있는 힘의 원천이 되기도 하고 더 많은 사랑을 생성할 수 있는 촉진제가 되어주기도 한다. 그리고 무엇보다 그대의 표정에 봄꽃처럼 화사한 미소가 잔잔하게 머무를 수 있게 해주는 역할을 한다. 이처럼 사랑이 그대에게 선사하는 선물은 다양하다. 그 중 몇 가지만 예를 들어보면 다음과 같다.

첫 번째 선물은 '고운 마음'이다.

사랑은 비단결처럼 부드럽고 목화솜처럼 폭신한 고운 마음을 선물한다. 그대가 진실한 사랑을 하게 되면 그대는 배려의 토양에서 아름다움을 간직한 푸르른 씨앗이 되어 조금씩 발아하게 된다. '그를 위해 무엇을 해주면 기뻐할까', '어떻게 해주면 그가 행복해 할까' 하는 생각들이 지배적으로 그대의 영혼을 주도하게 되므로 자신 위주의 생활습관에 젖어 있던 사람이라도 사랑하는 사람을 위한 삶을 살아가는 것을 즐겁게 받아들이게 된다. 왜냐하면 기본적으로 사랑은 주는 것이기 때문이다.

사랑은 주고 또 주어도 더 주지 못해 안달이 나는 갈급한 마음이다. 내가 지닌 것들 중에서 가장 좋은 것만 골라서 주고 싶은 마음이 마르지 않는 샘물이 솟아나듯이 끊임없이 솟아나게 되는, 아낌없이 주고도 더 주지 못해 가슴 아파할 수 있는 바로 그런 고운 마음을 가지게 되는 것이 사랑하는 사람의 특성이다.

자신이 사랑하는 사람의 눈에 눈물이 고이기 전에 슬픔을 미리 알아챌 수 있을 만큼 사랑하는 사람에 대해 간절히 생각하는 것, 그것이 사랑하는 사람의 마음이다. 이런 일들은 고운 마음이 가슴 속에 있지 않으면 실현불가능한 일이다. 그러므로 사랑을 하게 되면 고운 마음이라는 선물을 필연적으로 받게 될 수밖에 없다. 그대가 지금 누군가를 사랑하고 있다면 그대는 분명 고운 마음을 선물로 받게 될 것이며 고운 마음을 지니게 된 그대는 더 아름답고 지혜로운 사랑의 메신저가 될 것이다. 거칠고 포악한 마음을 지닌 사람일지라도 그대의 고운마음 앞에서는 한 마리 순한 꽃사슴처럼 순화되어 갈 것이다.

그대는 사랑이 주는 첫 번째 선물인 고운 마음을 지니게 되었는가. 그럼 두 번째 선물을 받아들일 준비가 된 것이다.

사랑이 주는 두 번째 선물은 '만족'이다.

만족은 불만족의 반대되는 개념이 아니라 감사함이 더욱 진화된 형태의 고결한 감정이다. 사랑을 하게 되면 왜 만족을 느끼게 되는 걸까.

사랑을 한다는 것은 마음이 충만한 상태인 것이다. 아무리 가난하고 궁핍한 사람이라도 사랑이란 매혹적인 세계 속에 들어가게 되면 자신이 가장 부유하고 풍족한 사람이란 감정을 느끼게 된다. 그만큼 사랑은 많은 사람들에게 부푼 희망을 안겨주고 긍정적인 꿈을 품게 해주며 절망의 수렁에서 신속히 빠져나올 수 있는 계기를 마련해 준다.

그대가 사랑을 함으로써 만족을 얻게 되면 삶의 비관적인 면에 더 이상 흡착되지 않고 더 나은 인생의 길을 수월하게 찾을 수 있다. 그 까닭은 사랑은 나만을 위한 이기적인 집착을 거부하고 타인을 위해 기쁜 마음으로 봉사와 희생을 할 수 있도록 그대의 손을 잡고 친절하게 인도할 것이기 때문이다.

나 자신만을 위해 살아갈 때는 욕심에 사로잡혀 눈앞의 조그만 이득을 위해 벌겋게 충혈 된 눈을 희번덕거리던 사람도 사랑을 만나서 사랑의 느낌들을 체험하게 되면 자신이 가진 것들에 대해 겸허히 만족하는 마음을 지니게 되는 것이다.

신은 만족할 줄 아는 사람에게 행복을 소유하고 관리할 수 있는 평생 자격증을 주었다. 무슨 자격증이든 자격증을 따기 위해서는 그에 관한 공부를 해야 하고 운도 따라줘야 하겠지만 진솔한 사랑을 하는 사람에게 수여하는 자격증인 만족은 사랑의 마음을 영혼 깊이 품어 안기만 하면 주어지는 것이다. 그러므로 사랑을 하면 만족한 인생을 살아갈 수 있는 지름길을 미리 예약한 것이나 다름없는 기쁘고 축복해줄 만한 일이다.

그대가 진실한 사랑을 하기로 한 순간부터 만족이란 선물이 도착해 있다는 사실을 기억하라.

사랑이 주는 세 번째 선물은 세상의 '아름다움을 바라볼 수 있는 눈'이다.

인간이 사물을 인식하는데 가장 큰 도움을 주는 눈이지만 우리들은 원치 않는 광경, 차마 보고 싶지 않은 흉악한 성격을 지닌 사람들, 보고 나서 후회가 되는 참혹하고 처참한 장면들을 목격하기도 한다. 그래서 어쩔 때는 그 장면을 보고 싶지 않아서 두 눈을 꼭 감아버리기도 하고 차라리 보지 말걸 그랬다며 후회하기도 한다. 시각장애인들은 눈이 보이지 않기 때문에 세상을 속속들이 볼 수 없을 것 같지만 그들은 그들만의 시야를 이미 지니고 있어서 정상적인 눈으로 세상을 살아가는 사람보다 더 많은 것들을 깊이 느낄 수 있다.

사람의 눈을 바라보면 그의 인생 역경이 고스란히 담겨져 있다. 사슴처럼 까맣고 반짝이는 예쁜 눈, 새우처럼 작고 옆으로 찢겨진 눈, 겹겹이 주름진 눈꺼풀 아래에서 현명하게 빛나는 노인의 눈 등 눈의 모습들은 인간의 얼굴만큼이나 다양하다. 그렇게 수많은 눈들 중에서 가장 사람의 심금을 울리는 눈이 있으니 그 눈은 바로 세상의 아름다움을 바라볼 수 있는 눈이다.

사랑은 우리에게 그런 아름다움을 볼 수 있는 눈을 지닐 수 있게 한다. 그러므로 그대가 세상에서 가장 멋지고 예쁜 눈을 갖고 싶다면 인기 있는 성형외과에 찾아갈 것이 아니라 오늘부터라도 사랑을 하면 된다. 성형을 해서 인위적으로 만들어진 눈은 세월이 흐르고 서서히 세포가 노화되면 피부가 처지고 눈동자도 흐릿해지고 볼품없이 늙어가고 말 것이지만 사랑으로 형성된 보석처럼 빛나는 눈은 영원히 그 모습 그대로 그대의 내면에 별빛처럼 고운 모습으로 머무를 것이다.

사랑이 가득한 사람의 눈은 세상의 모든 아름다움을 볼 수 있다. 아무리 열악한 환경에서도 아름다움을 발견해낼 수 있는 능력이 있는 것이다. 화원에 아름답게 피어난 장미꽃을 보고서 그 아름다움을 찾아내는 일은 누구나 쉽게 해낼 수 있지만 진흙탕 속의 뭉개진 햇살을 보고서 그 햇살의 아름다움을 찾아낼 수 있는 일은 세상의 아름다움을 볼 수 있는 눈을 지닌 사람에게만 허락되어 있다. 사랑이 있는 사람의 마음은 가식적이지 않고 타인의 불행에 함께 마음 아파하며 날마다 더 행복해지기 위해 자발적으로 진화되어 있기 때문에 세상의 아름다움을 볼 수 있는 것이다.

혹시 그대는 지금 마음이 우울한가.

그렇다면 그대는 세상의 아름다움을 볼 수 있는 눈이 꼭 필요한 시기이다. 그것을 획득하기 위해서는 사랑을 하면 될 것이다.

무엇을 사랑할까. 누구를 사랑할까.

가장 외면하고 싶은 사람을 먼저 사랑하고 가장 꺼림칙한 것들을 더 사랑해야 한다. 공부를 할 때에도 어려운 과목부터 먼저 정복하고 쉬운 과목을 하면 수월하듯이 사랑을 할 때에도 가장 힘겨운 상대를 먼저 사랑하는 것이 현명한 방법이다. 자신을 가장 괴롭게 하는 사람을 먼저 용서하고 사랑하게 된다면 사랑은 그대에게 세상을 아름답게 볼 수 있는 눈을 선사해 줄 것이다.

사랑이 우리에게 주는 네 번째 선물은 '역경에 굴복하지 않는 정신'이다.

사랑은 타인에 대한 사랑에만 국한된 것이 아니다. 자기 자신에 대해서도 진심으로 열렬히 사랑해야 한다. 자기 자신을 사랑하지 않는 사람이 다른 사람들에게 사랑을 나누어준다는 것은 불가능한 일이다.

자신을 사랑하라는 말은 자신을 믿고 자신의 존재가치를 인정하라는 말이다. 믿음은 어떤 두려움도 극복하는 마음이며 어떠한 고난도 극복하는 힘의 원천이다.

역경에 굴복하지 않는 정신자세를 지니는 일은 대단히 중요한 일이다. 역경을 극복해야 비로소 소나기가 훑고 간

초원위에 무지개가 피어나듯 희망찬 날이 찬란하게 찾아올 것이기 때문이다.

인간은 정신의 지배를 받고 운영되는 존재이다. 정신은 영혼이며 넋이고 인간의 본체이다. 어떤 정신을 지니고 세상을 살아가느냐에 따라 인생 자체가 확연히 달라질 수 있다.

그대는 어떤 정신자세로 이 세상을 살아가고 있는가.

하고자 하는 일에 도전했으나 실패했을 때 '그래 난 가망 없는 인간이야' 하며 자괴감에 빠져버리는 연약한 정신자세로 살아가고 있지는 않은가.

역경을 극복하는 사람은 '이번에는 비록 실패했지만 나의 가능성을 보았어. 실패를 거울삼아 더 발전해야지' 하는 강인한 정신자세로 살아가는 사람이다. 사랑을 하게 되면 그러한 유쾌하고 맑은 정신자세를 늘 유지해나갈 수 있다.

사랑은 끊임없이 좌절감에 빠진 그대를 일으켜 세워줄 그런 선물, 슬픔과 눈물의 강에 휩쓸려 떠내려가는 그대의 젖은 가슴을 따스하게 덥혀줄 그런 선물, 뼛속을 파고드는 외로움에 고개를 꺾고 있는 그대에게 언제 어디서든 '넌 혼자가 아니야'라며 속삭여주는 다정하고 상냥한 그런 선물, 역경을 극복할 수 있는 정신을 선물해 줄 것이다.

사랑이 우리에게 주는 선물들을 손가락을 펼쳐 헤아려

보라. 밤하늘에 빛나는 별들을 엄마와 함께 헤아려보던 어린 시절의 그대처럼 맑고 투명한 마음가짐으로 그것들을 바라다보면 한 때 증오했던 그 누군가도, 한 때 원망했던 그 누군가도 아무런 사심 없이 사랑해줄 수 있는 넉넉한 마음이 움터나게 될 것이다. 사랑한다는 건 타인과 사물의 본질 자체를 철저히 이해하고 송두리째 받아들이며 깊은 애정을 심장 깊숙이 간직하고 마음의 관용을 널리 베푸는 일이다.

목숨이 다하는 날까지 사랑하라

　우리는 몇 살까지 살 수 있을까. 그 누구도 자신이 몇 살까지 살 수 있을지 정확히 예측할 수는 없다. 병원으로부터 몇 개월밖에 살 수 없다는 통고를 받은 사람조차도 그 예상을 보란 듯이 깨고 병을 완치하고 긴 시간을 생존해나가는 사람도 있으며 늘 건강해보이던 사람이 어느 날 갑자기 허망하게 세상을 떠나는 경우도 종종 있다. 그래서 우리는 언제 어느 시간까지 생명의 숨결이 육신에 머무르게 될지 알 수 없다. 그렇기에 인생은 더 짜릿하고 소중한 가치가 있는 것이 아닐까.

　영원히 죽지 않고 불멸의 길을 걸어갈 수 있다면 구태여 목표를 이루겠다는 특정한 기한을 정해 노력할 필요가 없을 것이며, 가족과 친구들도 소중하다는 마음보다는 자칫 거치적거리는 무감각한 존재가 되어 버릴 소지가 많아질 것이다. 그러나 다행인지 불행인지 인간의 목숨은 명백하게 한정되어 있다. 이것에 대하여 이의를 제기할 사람이 없다는 사실은 서글픈 인간의 한 단면이 아닐 수 없다. 누군가 그렇지 않다고 인간은 영원히 살 수 있다고 외치고 나와 그 방법들을 세세하게 알려준다면 그는 세상에서 가장 많은 부를 소유하게 될 것이고 모든 이들로부터 추앙받을 것이다. 그렇지만 안타깝게도 그럴 사람은 애초에 없다. 누구나 자신만의 제한된 시간을 부여받고 그 시간만큼 살다가 이슬처럼 홀연히 분명 사라지고 말 것이라는 것을 장담할 수 있다. 이러한 자연의 질서는 인간이든 동물이든 세상의 모든 살아있는 생물들의 공통된 운명인 것이다.

언제 어느 때인가는 분명히 소리 없이 사라질 목숨이라면 자신에게 주어진 시간 동안 어떻게 살아가는 게 현명한 일일지 당연히 스스로 생각해 보아야 할 것이다. 초등학생들도 방학을 맞이하기 전에는 며칠 전부터 부지런히 하루 일과표를 정성들여 작성한다. 그런데 성숙한 자아를 지닌 그대가 인생에 대한 계획을 세우지 않고 될 대로 되란 식으로 살아간다는 것은 아까운 시간들을 끊임없이 낭비하는 일이다. 그러므로 어떻게 하루하루를 살아가야 할 것인지 고심해보아야 하는 일은 밥을 먹고 잠을 자는 일보다 훨씬 더 중요한 일이다.

인간은 동물처럼 생존만을 위해 살아가는 존재가 아니며 단순한 쾌락만을 탐닉하고 추구하기 위해 살아가는 존재도 아니라는 사실을 명심하라. 자신의 삶을 어떤 식으로 살아갈 것인지 치열하게 고민해보지 않는다면 소중한 목숨을 스스로 덧없이 흘러가는 시간에게 상납해주고서 쓸쓸히 죽음을 맞이하고 마는 허탈한 신세가 될 것이다.

그렇다면 어떻게 살아가야 할까.

그대는 목숨이 다하는 날까지 사랑하며 살아가야 한다. 그것이 인생설계의 가장 기본적인 밑바탕이 되어야 할 것이다. 사랑을 한다는 건 모든 것들에게 애정 어린 인사를 하는 것과 같은 일이다. 따뜻하고 자애로운 마음의 인사를 매순간 간절한 심정으로 건네는 일이 바로 사랑이다. 인사를 진정 마음으로부터 우러나와서 하는 사람은 상대방이 자신의 인사를 받아주지 않는다고 해서 그를 원망하거나 화를 내지 않는다. 그처럼 사랑 또한 진정한 마음으로 하는 사람이라면 자신의 사랑에 상대가 아무런 반응이 없거나 때로는 철저히 무시한다고 하더라도 더 많은 사랑을 주기 위해 노력하며 도리어 자신의 사랑이 부족하지 않았는지 되돌아본다.

사랑을 하는 시간을 몇 년 몇 월까지로 기한을 정해놓을 사람은 없다. 사랑은 목숨이 다하는 날까지 해야 하는 일이고 그것을 실천하는 사람에게는 정신적 풍요로움이 가득하게 될 것이며 생을 다하는 날 인생에 대해 만족할 수 있는 축복받은 인생이 될 것이다.

그대는 그런 사람이 되어야 한다. 그러기 위해서는 목숨이 다하는 날까지 모든 것들을 스스럼없이 사랑하고 또 사랑해야 한다.

제 3 장

사랑을 이루는 요소

요리를 영양가 있고 맛있게 조리하기 위해서는 그 요리에 들어갈 각각의 재료들에 대한 정보를 우선 습득해야 한다. 여러 가지 야채나 고기, 생선 등에 포함된 영양소는 무엇인지, 칼로리는 얼마나 되는지, 건강에는 어떤 영향을 끼치는지 등 재료들에 대한 정보는 요리하는 사람이 꼭 알고 있어야 할 기본 상식이다.

지금까지 우리가 사랑의 표면을 멀리서 광범위하게 전체적인 면을 관조해봤다면 이제부터는 사랑의 내면을 이루는 다양한 요소들에 대해 가까이 다가가서 차분히 세밀하게 주시해보도록 하자.

사랑은 무엇일까. 사랑은 어떤 것들로 이루어진 것일까. 백정미란 사람은 왜 이토록 사랑이란 주제에 대해 길게 말을 하고 있는 것일까 하는 의문을 지금쯤 그대는 지니고 있는지도 모른다. 물론 나는 그대보다 도덕적으로 더 반듯하다고 할 수도 없고 지적으로도 더 우월하다고 할 수 없다. 다만 작가로서 삶의 지혜에 대해 많이 생각했고 그것을 좀 더 많이 깨달을 수 있는 예민한 감수성을 타고났을 뿐이다. 그리고 비로소 깨달은 보석 같은 삶의 지혜들을 그대와 함께 나누기 위해 이 글들을 쓰고 있는 것이다.

현실에서의 나는 여러 가지 면에서 부족한 사람이라는 사실을 미리 고백하고 싶다. 하지만 세상에는 흠 하나 없이 완전한 사람은 좀처럼 찾아보기 어렵다. 그러므로 그대 또한 어떤 면에서 부족하거나 남들보다 조금 뒤떨어진다고 해서 자신감이 줄어들거나 주눅들 필요는 없다. 오히려 모자라고 부족한 점이 그대를 더 분발시키는 영감과 추진력을 줄 것이다. 잔잔하게 일렁이는 호수 위에 반짝거리는 햇살 같은 명랑한 자부심과 자신감을 가지고 시선이 닿는 모든 것들을 두루 사랑을 할 필요가 있다. 사랑을 이루는 요소들을 알기 위해 사랑의 비밀스러운 내부를 지그시 들여다보자.

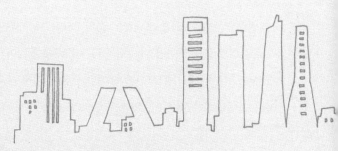

미워하지 않는 마음

사랑을 이루는 요소 중 가장 먼저 눈에 띄는 것은 '미워하지 않는 마음'이다. 아이보리색 자잘한 레이스가 달린 드레스를 입은 중세의 공주처럼 아름다운 검은 머리카락을 휘날리며 사랑의 내면에서 우아하게 웃고 있는 존재.

그대는 누군가를 미워해본 적이 있는가. 누군가를 미워하는 마음에 밤늦도록 잠을 못 이루었던 적은 없었는가. 언젠가는 멋지게 복수해주리라 다짐하며 그에 대한 분노를 가슴에 품고 이글이글 자신의 마음을 불태우지는 않았는가.

밥을 먹어도 껄껄한 모래알을 집어넣고 억지로 씹는 것 같고 감칠맛 나는 국물을 마셔도 쓰디쓴 쓸개즙이 들어가는 것 같고 아무리 웃긴 이야기를 들어도 웃음이 절대 나오지 않던 그 답답하고 폐쇄적인 느낌.

누군가를 미워한다는 것은 자신의 가슴에 뜨거운 불덩이 하나를 피워놓고 끝없이 휘발유를 끼얹어주는 행위이다. 그런 불안하고 갈피를 잡을 수 없을 정도로 일그러진 마음에 어떻게 평화가 찾아올 수 있겠는가. 타인을 미워하는 일은 자신에게 더 큰 고통을 주는 일임을 잊지 말라.

타인을 미워하지 않는 마음은 자비로운 마음이며 한없이 겸손한 마음이다. 인자한 언행으로 다른 이의 가슴에 편안함과 안도감을 주는 사람에게는 사랑의 마음이 있다. 사랑은 미움 받아 마땅한 행동을 하는 사람조차도 용서하고 포용하며 이해한다. 그대에게 아직도 누군가를 미워하는 마음이 남아 있다면 아직 사랑이 그대의 내면에 온전히 깃들지 못했다는 증거가 될 것이다.

왜 미워하는 것이 결국엔 자신을 해치는 일이 될까.

누군가를 미워하게 되면 단 한 순간도 평화로울 수가 없으며 쓸데없이 소모되는 많은 에너지를 쏟게 되므로 자신을 위한 일에 쏟을 에너지가 현격히 부족하기 때문이다. 인간의 신체적인 성장은 일정한 시간이 되면 멈추지만 정신적인 성장은 평생을 두고 거듭되어 이루어 가야하는 필생의 과제인 것이다. 정신적 성장은 신성한 에너지를 필요로 한다. 그러나 누군가를 미워하게 되는 순간 인간의 몸속에 있던 생기 있던 에너지들이 미움을 유지하고 더 키워가기 위해 다 쓰여 버리게 되므로 정신적 성장을 위해 투자할 여력이 없어지게 되는 것이다. 그래서 결국엔 황폐화된 정신상태가 되고 가뭄에 말라버린 황야처럼 메마른 삶을 살아갈 수밖에 없다.

타인을 미워하는 사람의 입가에는 미소 대신 우울한 그림자가 깃들 것이고 눈동자에는 기쁨의 빛이 아닌 원한의 불꽃이 서려 있다. 항상 마음이 안정되질 못하는 것이다.

지금 그대의 가슴에 바위덩어리처럼 들어앉은 그 누군가가 있는가. 그를 생각하면 심장이 쉴 새 없이 요동치고 혈압이 오르고 침이 바짝 마르고 주먹이 불끈 쥐어지며 참을 수 없는 분노가 치솟아 오르는가.

그렇다면 그대는 소중한 에너지를 하염없이 쏟아내고 있는 중인 것이다. 그리고 자신에게 가혹한 벌을 스스로 내리고 있는 것이다. 그대의 가슴에 사랑의 감정을 품게 되면 더 이상 미움을 품지 않게 될 수 있다. 누군가를 미워하는 일은 스스로 자신을 아프게 하는 것이지 자신이 미워하는 상대방에게는 아무런 해도 끼치지 않는다. 사랑의 마음으로 자신의 내면을 채운 사람에게는 미워하는 마음이 자리를 잡을 공간이 없다. 또한 그에게는 누군가의 오해로 인해 상처받게 된 영혼을 스스로 치유할 수 있는 능력도 가지고 있다.

그대여! 그대의 가슴 속에 다시 한 번 각인시켜라. 누군가를 미워한다는 일은 나 자신을 더 큰 고통에 빠트리는 참바보 같은 일이라는 것을.

원망하지 않는 마음

사랑을 이루는 두 번째 요소는 '원망하지 않는 마음'이다.

사람은 대개 자신의 현재의 모습에 어느 정도의 불만을 가지고 살아가고 있다. 아름다운 장미의 가지에 손끝을 찌르는 날카로운 가시가 돋아 있듯이 향기로울 것만 같은 인생에도 마음을 불편하게 하는 가시 하나쯤은 들어있는 것이다.

외모에 대한 불만, 성격에 대한 불만, 직장 동료와 상사에 대한 불만, 정치인에 대한 불만, 부모님에 대한 불만, 학교 친구들에 대한 불만, 성적에 대한 불만, 편파방송에 대한 불만, 능력에 대한 불만 등.

세상에는 불평하고 불만인 것들이 이루 말할 수 없이 많다. 하지만 이러한 불만이 문제가 되는 것은 불만은 불만으로만 그치지 않고 더 나아가 원망하는 마음이 되어버리기 때문이다. 누군가를 원망하는 마음은 불만이 쌓여서 잉태된 어둠의 사생아이므로 불만을 품게 된 순간 이미 원망하는 마음은 싹을 틔우고 있는 것이다. 또한 원망은 내 자신의 불행을 타인이나 환경 탓으로 돌리며 자신의 책임을 회피하는 비겁하고 나약한 자세이다. 따라서 원망하는 마음을 지닌다는 것은 인생을 밑바닥으로 끌고 내려가려는 악마의 숭배자인 절망에게 순순히 순응하는 것과 다름없는 일이다. 지금 그대가 자신의 불행한 처지에 대해 다른 사람을 탓하고 있다면 이제부터는 다른 사람 때문이 아닌 그대 스스로가 자신의 삶을 이렇게 만들어 왔다고 인정하는 연습을 해야 한다. 설령 타인이 자신의 인생을 불행하게 만드는 데 일조를 하였다고 하여도 그 또한 자신의 책임을 면하거나 회피할 수는 없다. 자기 인생의 주인공은 바로 자기 자신이기 때문이다.

그렇다면 그대는 이제부터는 그대가 각본을 쓰고 그대가 직접 연기를 하고 그대가 당당하게 연출을 하도록 하라. 아무리 다른 사람이 고의적으로 그대의 인생을 이리저리 제 멋대로 흔들려고 해도 그대 자신이 흔들리지 않기로 작정한다면 그 누구도 그대의 인생에 대해 함부로 참견할 수 없을 것이다. 인생을 타락시킬 원흉인 원망을 완강하게 밀쳐낼 수 있는 것도 바로 그대 스스로의 의지에 달려 있음을 명심하라.

원망하는 마음을 갖지 않기 위해 사랑을 선택하는 것은 정말 현명한 방법이다. 사랑을 하기 시작하면 원망은 봄 햇살에 눈 녹듯이 스르르 사라지고 말 것이다. 왜냐하면 사랑은 원망하지 않는 마음이 기본으로 세팅되어 있기 때문이다.

사랑을 하는 일이 불굴의 집념을 지니고 도전해야만 겨우 성취할 수 있는 일이 아닌 것은 얼마나 다행스러운 일인가.

사랑의 마음을 품는 일은 죽기 아니면 살기로 덤벼들어야 하는 필사적인 노력을 요구하는 것이 아니기 때문에 어느 누구라도 인생의 방향키를 조금만 더 긍정의 방향으로 선회한다면 도달할 수 있다는 사실이 얼마나 고마운지 눈물이 날 지경이다.

평소 습관이 되어 신경질적으로 질경거리며 껌을 씹는 것처럼 늘 습관적으로 누군가를 탓하며 자신의 처지를 비관해오던 사람이라도 사랑을 품에 안게 되면 편협하지 않고 열린 마음과 포용력 있는 자세를 지니게 되어 누군가를 원망하기 보다는 그들의 처지까지도 아량 있게 헤아려 줄 수 있는 사람이 될 수 있다.

언제나 불만을 가슴을 지니고 타인을 탓하며 삶을 살아

가던 과거의 어두운 시절의 자신을 가뿐히 반성하고 향기로
운 사랑의 에너지가 가득한 일생을 살아가는 사람에게는 밝
은 삶을 살아갈 인생이 찬란하게 무지개 언덕 위에 예비 되
어 있다.

책임지는 마음

    사랑을 이루는 세 번째 요소는 자신이 한 일에 대해 '책임을 지는 마음'이다.

    책임진다는 말에 대해 연상되는 이미지는 무거운 짐을 등에 가득 지고 가파른 언덕길을 올라가야 하는 늙은 당나귀의 어깨에 매달고 있는 짐의 무게만큼이나 막중한 부담감이 몰려온다는 것이다. 누군가 그대에게 어떤 일에 대하여 책임을 지라고 하면 부담스러운 감정이 앞서는 건 당연한 반응이다. 하지만 진정 자신의 일을 사랑하는 사람은 어떠한 일을 대함에 있어 스스로 책임진다는 마음을 가진다. 그래서 그는 자신의 인생에 대하여 스스로 책임을 지고 살아가야 하는 것은 어쩔 수 없는 인간의 숙명임을 잘 알고 있다.

    그대 또한 부모님의 책임지는 마음으로 인해 세상에 태

어났다. 만일 그대의 어머니가 그대를 책임지겠다는 마음을 지니지 못했다면 결코 그대는 이 세상에 태어나는 행운을 누리지 못했을 것이다. 또한 그대의 아버지가 그대를 책임지는 마음을 지니지 못했다면 그대는 결코 인간다운 성장이 불가능했을 것이다.

책임을 진다는 의미를 일과 인간관계에 대해서 뿐만 아니라 범위를 넓혀보면 무한정이라고 할 정도로 다양하고 많다. 우리의 생명을 유지하고 살아가야 하는 터전인 지구에 대한 책임을 무시하고 오염물질을 무차별적으로 배출한 결과 지금 지구는 온난화와 환경오염으로 인해 애처롭게 신음하고 있지 않은가. 앞으로도 계속 이렇게 지구의 미래를 책임지지 않겠다는 인간의 오만한 행태가 계속될 경우 우주의 법칙은 한 가지 길로 수십억 인류를 이끌어갈 수밖에 없다. 그것은 아름다운 행성 지구의 처참한 종말일 것이다. 그렇지만 이제부터라도 지구에 대한 책임의식을 통감해서 오염물질 배출을 자제하고 친환경 에너지를 자발적으로 사용하는 현상이 보편화된다면 우리가 살고 있는 지구의 미래가 그리 어둡지만은 않을 수 있다.

이렇듯 책임지는 마음은 한 개인의 생명이 탄생하는 일에서부터 거대한 지구의 운명을 결정할 만큼 중대한 마음가짐이다. 그러므로 그대는 책임진다는 일에 미리 두려움을 느끼지 말라. 무엇을 하기 전에 그것에 기가 꺾이거나 압도당하는 것은 이미 지고 시작하는 게임이나 마찬가지이기 때문이다.

사랑의 마음을 가슴속에 가득 채운 사람이 되면 자신의 행동에 대해 책임지기를 두려워하지 않는다. 왜냐하면 사랑이 담긴 마음으로 세상을 바라보면 자신과 세상의 경계가 무너지고 세상이 곧 자신이며 자신은 곧 세상이라는 새롭고도 조화로운 가치를 추구하는 의식이 생겨나게 된다. 그러므로 타인의 올바르지 못한 행동으로 인해 자신이 얼마간의 고통을 받게 되더라도 그에게 무작정 비난과 복수의 칼끝을 들이대기보다는 그의 정신적 미숙과 부족한 삶의 지혜에 대해 가슴 아파한다. 또한 자신이 행하는 모든 행동의 결과는 자신에게만 한정적으로 영향을 끼치는 것이 아니라 주변의 모든 사람들과 심지어 세상의 모든 존재들에게까지 광범위하게 영향력이 적용된다는 참다운 진리를 깨달을 수 있게 되는 것이다.

그대가 정녕 사람들에게서 사랑을 받고 싶다면 그들에게 값비싼 선물과 입에 발린 달콤한 언어를 속삭이기보다 그대 스스로 모든 말과 행동과 생각들에 대해 결연하게 책임지겠다는 자세를 보여주면 된다. 그렇게 하면 그대가 의식적으로 자신을 내세우지 않아도 사람들은 그대의 인간적이고 건실한 모습에 자연스럽게 반하게 되고 신뢰와 존경을 보내게 될 것이다.

절제하는 마음

사랑을 이루고 있는 네 번째 요소는 '절제하는 마음'이다.

절제란 무엇인가. 즉 절제력은 끝없이 솟구쳐 올라오는 욕망을 적절하게 조절하는 능력이다. 절제력이 좋다는 것은 어떤 일에 대해 반응할 때 너무 한 쪽으로 치우치거나 지나치게 몰입함으로써 일어날 수 있는 온갖 불상사와 폐해를 미연에 방지하며 현명하게 처신한다는 것이다.

사랑의 내면에는 절제하는 마음이 담겨있다. 마치 자신의 이름을 드러내지 않고 국가의 안위를 위해 기도하는 강직한 충신처럼 항상 사랑의 내면에 머무르고 있는 것이다. 그러나 절제는 특성상 외부로 요란스럽게 표출하지 않기 때문에 잘 보이지 않을 때가 있다. 하지만 사랑의 가치와 의미를 깨닫게 된 사람에게는 절제의 미덕이 사랑을 이루는 커다란 핵심이라는 사실을 알게 될 것이다.

절제력이 부족한 사람은 브레이크가 고장 난 자동차처럼 한없이 욕망의 끝을 향해 미친 듯이 질주해 갈 뿐이다. 황홀하게 점점 가속도가 붙어가는 차량의 내부에서 그는 내장을 훑어 내리는 쾌감의 최고속도를 알알이 느끼며 향락을 즐기지만 결국 그 결과는 스스로 파멸을 향해 가는 눈 먼 자의 질주일 뿐임을 알아야 한다. 이성적인 절제는 인간을 지나치게 쾌락에 몰두하지 않게 해주며 건전하고 합리적인 사고방식을 지니게 한다. 그러므로 그대는 매순간 시간을 함부로 소비하지 않아야 하며 합리적인 이성을 바탕으로 절제력을 발휘할 줄 알아야 한다.

그대가 사랑을 하게 되면 그러한 절제의 미덕을 가까이 접할 수 있게 될 뿐만 아니라 그러한 마음가짐을 특별한 어려움 없이 습득할 수 있게 된다. 왜냐하면 사랑은 절제이고 절제는 사랑을 필요로 하는 떼어내려고 해도 뗄 수 없는 불가분의 관계이기 때문이다.

그대가 꼭 갖고 싶었던 물건을 보고 소유하고 싶다고 느끼는 것은 인간의 어쩔 수 없는 본능이다. 때문에 그대는 그런 것들을 자신의 영역 안에 고스란히 가두어 두기 위해서 이른 새벽부터 밤늦은 시간까지 열정과 노력을 투자해 돈을 벌고 있다. 그렇게 벌어들인 돈은 원하던 물건이 되어 그대의 품 안으로 들어오지만 그러나 그러한 것들은 시간이 흐르면 결국 한낱 먼지로 변하고 말 헛된 환영일 뿐임을 기억하라. 왜냐하면 그것들을 기를 쓰고 쟁취하여 그대의 소유가 되었다고 해도 다시 또 그대의 욕망을 자극하는 새로운 것은 다시 나타날 것이기 때문이다. 이러한 사실을 그대는 왜 짐짓 모른 척 하며 살아가고 있는가.

이미 그대는 알고 있다. 그 어떤 좋은 물건도 처음 소유했을 때 마음처럼 고스란히 보존될 수는 없다는 사실을.

이렇듯 인간은 일시적 만족을 얻기 위해 끊임없이 자신의 열정과 노력 그리고 시간을 헛된 욕망에 사로잡혀 허망하게 소비하고 있다. 인간은 마법에 걸린 가여운 빨간 구두아가씨처럼 제자리에서 욕망의 쳇바퀴를 굴리느라 여념이 없는 것이다. 더 좋은 것 더 새로운 것 더 값비싸고 진귀한 것을 갖고 싶은 마음은 진리와 겸손과 사랑을 추구해야할 인간의 마음을 속절없이 어지러운 혼란의 수렁 속에 빠트리기에 충분하다. 그러나 먼 훗날 스스로의 인생을 행복하고 소중한 시간들이었다고 회상하고 싶은 사람이라면 반드시 절제의 미덕을 익혀야 한다. 절제를 가슴 속에 수용할 수 있게 될 때 그 사람의 인생은 겸손과 온화함으로 가득 채워지고 최고의 비전과 꿈을 지닌 삶을 살아갈 수 있는 비옥한 토양이 비로소 마련될 수 있을 것이다.

용서하는 마음

사랑을 이루는 다섯 번째 요소는 '용서하는 마음'이다.

사랑은 용서를 간절히 필요로 한다. 사랑은 용서를 섭취하며 매일 조금씩 자라나는 어린 떡갈나무와 같기 때문에 용서를 뺀 사랑은 존재할 수 없다. 그대가 누군가를 진정으로 사랑하고 싶다면 그의 모든 잘못들을 아무런 조건 없이 무조건 용서하겠노라는 스스로의 강한 의지가 필요하다.

어느 날 그대가 사랑하는 사람이 헌신적으로 사랑한 그대를 무참히 배신하고 떠나가더라도 그를 사랑할 수 있겠는가.

처절하게 모욕을 당해도 그에게 여전히 사랑하는 마음을 담은 해맑은 미소를 지어보일 수 있다면 그대는 용서의 참다운 의미를 아는 사람이다. 그것이 바로 사랑의 본질이다. 사랑은 겉으로 보기에는 한없이 아름답고 향기로워 보이지만 그 내면에는 누구도 알지 못하는 당사자의 힘겨운 사투가 있다. 용서는 웬만한 의지를 지니지 않고서는 실천하기 어려운 힘든 일이기 때문이다.

사랑하는 마음의 내면에는 그토록 힘겨운 용서하는 마음이 담겨 있다.

그대가 그대의 허물을 별 비난 없이 바라보듯이 그렇게 너그러운 시선으로 다른 이들의 부족함과 허물을 바라볼 수 있기를 소망하라.

그대의 뒤에서 등에 비수를 꽂는 사람이 있거든 그의 떨리는 손을 이끄는 잔혹한 인간성에 결핍된 것이 바로 사랑이라는 사실을 인지하고 그를 불쌍히 여기라.

잔혹한 심성은 사랑의 결핍에서 나오는 아픈 상흔이다. 그러나 그것은 아무런 통증을 유발하지 않기 때문에 스스로는 자신의 잔혹함을 잘 모르고 점점 증세가 심해져 가고 마는 심각한 상태에 이르게 되는 병적인 증상인 것이다. 따라서 그들은 자신의 잘못을 인식하지 못하고 있는 특별한 뇌구조를 지니고 있다고 해도 과언이 아니다.

누구라도 세 살짜리 아기가 혼자서 걸음마 연습을 하다가 방 안에 있는 비싼 물건을 넘어뜨려서 산산조각 나게 했다고 해서 그 아기를 미워하거나 증오하지는 않을 것이다.
왜냐하면 아기는 그럴 수밖에 없는 불완전하고 연약한 존재
임을 알고 있으며 누구나 어린 아이에 대해서는 사랑하는 마
음을 갖고 있기 때문이다. 또한 우리는 어떤 사람의 우발적
인 잘못에 대해서도 관대한 마음으로 용서한다. 모르고 하는
행동은 고의적 악의가 없다고 생각하기 때문이다.

그렇다면 그대는 삶의 현상에 대해 이렇게 생각하는 건
어떤가.

그대 주위에 있는 모든 사람들은 언제나 중대한 실수와
잘못을 저지를 수 있는 충분한 가능성을 이미 지니고 있는
불완전하고 연약한 존재라고 생각하는 것이다. 사실 모든 사
람에게는 실수하고 잘못을 범할 가능성이 광범위하게 내포
되어 있다. 그리고 언제 그런 성질이 불시에 발현될지는 아
무도 모른다. 그런 그들을 단죄하기 보다는 자애로운 사랑으
로 용서하는 일은 그대의 심신의 안정을 위해서도 바람직한
일이다.

나는 그대가 용서를 받는 사람이 되기보다 용서할 수 있
는 사람이 되길 바란다. 또한 용서를 할 때에는 티끌 하나 남
김없이 깨끗이 용서하고 더불어 사랑의 묘약으로 상처로 얼
룩지고 영혼의 번잡한 고뇌가 서려있을 그의 환부를 치유해

주길 바라고 있다. 그렇게 하는 것이 참다운 용서다. 용서하는 마음을 그대의 내면에 많이 가지면 가질수록 그대는 더 많이 행복해 질 것이며 그대 인생은 알찬 열매를 맺게 될 것이다.

거짓 없는 마음

사랑을 이루는 여섯 번째 요소는 '거짓 없는 마음'이다.

그대가 진실이 아닌 거짓을 입에 올리는 순간, 그대에게는 행복과 마음의 평화를 획득할 수 있는 인생의 연금술을 체득할 수 있는 절호의 기회는 영영 사라질 수 있다.

인생에서 가장 행복하고 찬란한 시기는 언제인가.

바로 대나무처럼 강직하고 난초처럼 청아한 정직에 기초를 두고 자신의 삶을 하루하루 성실하게 살아가는 시기일 것이다.

거짓말을 아무런 죄책감 없이 내뱉으면서 그것을 이용해 타인의 가슴에 씻지 못할 상처를 남기는 사람들의 가슴에는 도대체 무엇이 들어 있을까.

그의 모습은 겉은 반지르르하고 윤기가 나는 것 같지만

속은 시커멓게 썩어 문드러진 과일처럼 코를 마비시킬 만큼 추악한 악취를 사방에 내뿜을 것이다.

사랑은 그런 거짓을 대단히 경멸한다. 사랑의 내면에는 거짓 없는 순수하고 진실 된 마음만이 가득하기 때문이다. 순결하고 청초한 진실한 마음과 최대한 자주 접속하라. 아침 이슬을 먹고 자라나는 숲 속의 향긋한 백합처럼 사랑은 정직과 진실의 달콤한 과즙을 먹고 마시며 성장한다. 거짓이 들어가는 순간 사랑은 어느새 시름시름 말라서 시들어버리고 죄악으로 가득 찬 한 인간이 남을 뿐이다.

그대에게 거짓과 진실을 건네주며 어느 것을 선택할 것인지 묻는다면 그대는 당연히 진실을 선택해야 할 것이다. 그러나 삶의 고단한 시계바늘은 때로 그대 자신이 본래 지니고 있는 그런 진실에의 갈망과 순수한 열정을 깡그리 무시하고 거짓의 그림자를 밟고 살아갈 수밖에 없는 처지를 만들어 주곤 한다.

거짓과 함께 동행 하는 길은 가로등도 환하게 밝혀져 있고 주변 사람들의 관심과 환호도 있어서 외롭지 않고 오히려 안락하기까지 하므로 대부분의 사람들이 그런 유혹에 쉽게 빠져든다. 반면 진실과 함께 동행 하는 길은 어둡고 비좁으며 사람들의 조롱거리가 되기도 하고 또한 궁핍하기까지

해서 그 길을 자청해 가는 사람은 극히 드물다. 그러나 세상에는 그렇게 힘들고 비좁고 어둡고 괴로움이 가득한 진실의 길을 가는 사람들이 있다. 그들이 없었다면 지금 우리들이 누리고 있는 자유와 평화는 먼 나라의 이야기일 뿐이었을 것이다.

거짓 없는 사람의 두 눈은 수정처럼 맑게 빛나고 시냇물처럼 고요히 흘러가며 주위 사람들에게 삶의 기쁨과 희망을 전해주지만 거짓이 가득한 사람의 두 눈은 불투명하고 음흉하며 주위 사람들과 자기 자신에게 삶의 절망과 회의를 안겨주게 된다. 거짓으로 살아가는 사람에게는 거짓된 성공이 어김없이 기다리고 있다는 사실을 명심하라. 거짓된 성공은 진정한 성공이 아니기 때문에 어느 날 갑자기 화르르 불타 사라지고 마는 아슬아슬한 운명을 지니고 있다.

진실 되지 못하고 정직하지 못한 사람이 행복한 삶을 살기를 바라는 것만큼 어리석은 일도 없다. 자신을 속이고 타인을 속이느라 거짓생각이 가득한 사람은 늘 혀와 뇌가 바쁘다. 하나의 거짓말로 타인을 속이고 나면 또 다른 더 큰 거짓말이 그를 유혹하기 때문이다. 거짓은 거짓을 잡아먹고 겨우겨우 연명해가는 비루한 목숨이라서 진실과 동떨어진 사람일수록 더 심각하고 정교한 거짓말에 차츰 익숙해져갈 수밖에 없다.

　그대가 거짓된 술수를 부리지 않고 가치 있는 일에 전념할 때 그대가 바라는 미래는 밝은 표정으로 그대를 기다리고 있을 것이지만 이기적이고 거짓된 삶을 살아간다면 비참한 미래가 기다리고 있을 것이다. 사람을 속이는 일만큼 역겹고 나쁜 일은 없다. 사랑이 없는 사람은 그런 속임수를 즐겨 쓰는 사람이다. 사랑은 거짓 없는 마음으로 이루어진 불순물 없는 순백의 결정체이기 때문에 사랑의 마음이 가슴에 가득 담겨 있는 사람에게는 거짓이 머무를 공간이 있을 수 없다. 사랑은 결코 거짓된 마음을 허락하지 않기 때문이다.

　그대는 고운 향기를 지닌 사람이 되고 싶은가. 그렇다면 정직하고 진실하게 살아가라.

미소에 인색하지 않는 마음

　사랑을 이루는 일곱 번째 요소는 '미소에 인색하지 않는 마음'이다. 행복해지고 싶다면 웃어라. 즐거운 하루가 되었으면 하고 바란다면 지금 바로 입가에 제비꽃 같은 미소의 꽃을 활짝 피워라.

　진심에서 우러나오는 미소 없이 행복해지기를 바라는 것은 물을 받을 컵을 준비하지 않고서 물을 받아먹으려고 정수기 앞에 서 있는 사람의 모습과 같다고 할 수 있다. 이렇듯 웃음과 미소는 행복한 인생을 맞이하기 위한 필수준비물인 것이다.

　사랑이 충만한 사람의 얼굴엔 늘 미소 띤 표정이 서려있으며 작은 기쁨에도 행복한 웃음을 짓는 가식 없고 유쾌한 모습은 보는 사람조차도 즐겁고 상큼한 기분이 들게 하는 마력의 힘이 있다.

우리의 삶이 늘 즐겁고 행복할 수 있다면 얼마나 좋을까. 그러나 안타깝게도 사람의 기분은 수시로 변하는 성질을 가지고 있다. 그러므로 하루 종일 우울하기만 한 사람도, 하루 종일 즐겁기만 한 사람도 없는 것이다. 이렇듯 우울하고 즐거운 기분은 늘 우리의 삶에 수시로 교차하고 있다. 다만 우울할 때에도 희망을 잃지 않고 유지할 수 있는 비결은 각자가 지닌 사랑의 양에 의해서 결정되어진다. 가슴속에 사랑의 마음을 많이 담고 있는 사람은 우울한 기분 속에서도 자신의 기분을 고취시킬 수 있는 즐겁고 행복한 기분을 스스로 만들어 낼 뿐만 아니라 다른 사람에게도 친절하고 온화한 웃음과 미소로써 좋은 기분의 느낌을 무한대로 전파시킨다. 그러나 가슴속에 사랑이 담겨 있지 않은 삭막한 인격을 소유한 사람은 침울한 기분이 되었을 경우에 더 극심한 우울과 자기 연민 그리고 세상에 대한 원망 등으로 점차 우울한 기분이 확대 되고 재생산 되어 갈 뿐이다.

웃음과 미소에 인색하지 않은 마음을 가득 담고 있는 사랑에게 자신의 마음과 몸을 온전히 맡기도록 하라. 사랑은 그대가 웃고 싶은 기분이 전혀 들지 않을 때조차 살며시 나타나 어떤 웃음꽃 보다 더 영롱하고 선명한 웃음꽃을 피우게 해줄 것이다.

어찌 보면 인생은 고단함과 슬픔과 괴로움 그리고 허기진 외로움의 피 튀기는 경연장이다. 그것들은 서로 치열하게 경쟁하며 인간의 지친 마음속에 흡혈귀의 끈적거리는 혓바닥처럼 악착같이 파고들어 온다. 그러나 가슴속에 사랑의 마음이 풍족한 사람은 불길하고 어두운 감정들이 불시에 떼 지어 찾아올지라도 유연한 미소를 머금으며 되돌려 보낼 수 있는 넉넉한 여유로움을 지니고 있다. 사랑은 고독과 쓸쓸함 그리고 인생에 대한 허무감이 아무리 그럴 듯하게 유혹해도 타고난 긍정의 마인드를 결코 버리지 않기 때문이다.

사랑은 심장보다 더 내밀한 존재의 심연 속에 웃음과 미소에 인색하지 않는 예쁜 마음이 자리하고 있다. 사랑이 가득 담긴 예쁜 마음은 매순간 정말 예쁜 생각만 한다. 화가 나거나 절망하거나 때로는 참을 수 없이 삶이 공허하게 다가와도 사랑의 마음을 가득 담고 있는 사람은 예쁜 마음으로 인해 웃음과 미소를 잃지 않을 수 있는 것이다.

어느 누구나 예쁜 마음을 가슴 속에 지니고 있다. 다만 그것이 자신 안에 존재하고 있다는 사실을 잊고 있을 뿐.

그대 또한 그러한 예쁜 마음을 느껴본 일이 있지 않은가. 자신과 아무런 관계가 없는 사람이나 동물의 고통스러운 모습을 보고서 뜨거운 연민의 감정을 느꼈던 일, 자신을 괴롭히고 상처를 준 사람이 오히려 가여워서 마음이 아팠던 기억들. 그러한 것들은 모두 그대에게 이미 내재되어 있던 예쁜 마음의 발현들이었던 것이다.

사랑으로 충만한 가슴은 광활한 초원보다 더 드넓고 더 풍만하기 때문에 슬픔과 고독에 지칠 대로 지친 인생의 나그네들에게 기꺼이 제 가슴을 내어줄 충분한 여유가 있다. 그대는 그대 가슴 속에 깃들어 있는 예쁜 마음을 충분히 끄집어내어 그대는 물론 다른 사람들에게도 험난한 인생길에 도움을 주는 사람이 되길 바란다.

그대는 지금껏 충분히 힘겨웠을 것이다. 충분히 아팠고 충분히 외로웠을 것이다. 사랑의 품 안에 안겨서 위로 받고 싶었을 것이다. 그러나 그대여 기억하라.

행복한 인생은 그대가 선홍색 잇몸을 환히 드러내놓고 거리낌 없이 웃을 때, 수줍은 듯 살포시 미소 지을 때 마술처럼 다가올 것이다. 그러나 그대가 우울하고 찡그린 표정으로 있다면 행복과 마음의 평화가 어깨동무를 하고 즐겁게 뛰어오다가 뒤돌아서 가버릴 것이다. 이 얼마나 안타까운 일인가. 그대가 웃음과 미소를 그대 마음의 항아리 속에 가득 채워놓고 있다면 최악의 고통스러운 상황에서도 웃을 수 있고 미소 지을 수 있다. 그것은 사랑의 예쁜 마음이 그대를 위해 준비한 위대한 선물이다.

슬픔을 아는 마음

사랑을 이루는 여덟 번째 요소는 '슬픔을 아는 마음'이다.

슬픔을 아는 마음은 가장 인간애적인 마음이며 이것을 뺀 사람은 뇌가 없는 무감각한 사람이라고 생각해도 무방하다. 인간이 느낄 수 있는 여러 가지 느낌 중에 왜 슬픔을 아는 마음이 중요한 것일까.

그것은 슬픔을 아는 자만이 인생의 기쁨과 행복의 가치를 깨달을 수 있기 때문이다. 진흙구덩이에 빠져본 사람만이 보송보송하게 건조한 땅의 소중함을 더 뼈저리게 알게 되고 실패와 좌절의 맛을 본 사람이 성공과 행복의 간절함이 더 절실한 것과 같은 이치인 것이다. 슬픔이 없는 인생은 없으며 슬픔을 외면하고 교감하길 거부하는 인간은 인간이길 거부하는 것과 같음을 명심하라.

그대가 지성을 갖춘 인간으로서 일생을 보내길 원한다면 슬픔의 의미를 간파하라.

슬픔은 인간으로서 살아가는 내내 그대의 곁을 떠나지 않을 것이다. 한 낱 흙으로 돌아갈 인생에 대해 목젖까지 치밀어 오르는 푸르른 눈물로써 슬퍼하라. 그러한 절절한 슬픔의 의식을 거치지 않고서 인생의 진리를 깨달을 수 있기를 감히 바라지 말라.

사랑은 슬픔 또한 포근히 감싸 안고 있다. 슬픔의 진정한 의미를 아는 것은 인생의 가치를 이성적으로 깨우친 사람만이 터득할 수 있는 진리이다. 진실한 사랑은 모든 것들에 대해 지극히 뜨거운 연민을 느끼고 불쌍히 여기며 슬퍼한다. 그러한 슬픔은 사랑의 힘으로 승화되어 그들에 대하여 더 큰 관심과 봉사 그리고 진심어린 애정을 줄 수 있게 만드는 것이다. 누에고치 속에서 죽을 만큼 몸부림을 치지 않고서는 빠져나오지 못하는 한 마리 나방처럼 인생의 슬픔을 온 가슴의 뼈와 살로 경험해보지 않은 인생은 무의미한 인생이 될 확률이 높다.

그대는 슬픔을 아는 마음을 지니기 위해 사랑을 하라. 사랑은 슬픔에 대해 유연하게 대처할 수 있는 격조 있는 자세를 가르쳐 줄 것이다.

사랑받고 싶은 마음

내가 깨달은 사랑을 이루는 마지막 요소는 '사랑받고 싶은 마음'이다.

우리는 흔히 사랑이란 단어를 들으면 누군가를 사랑하는 것으로만 생각하기 쉽다. 그러나 사랑은 주고받는 것이다. 나만 누군가를 일방적으로 사랑한다는 것은 참사랑이 아니다. 또한 사랑을 받고 싶은 마음은 결코 부끄러운 일이 아니다. 세상에 존재하는 모든 사람은 사랑받을 자격을 이미 부여받고 세상에 태어난 존재이기 때문이다.

그대여, 인간은 누구나 사랑받을 자격을 부여받은 존재의 의미에 대해 생각의 폭을 더 확장시켜 보라. 다른 사람들에게 그 생각을 적용시키면 그들 역시 사랑받고 싶다는 간절한 열망을 지니고 하루하루 열심히 자신에게 주어진 삶을 살아가고 있다는 명확한 진실을 발견하게 될 것이다.

모든 인간은 누구도 예외도 없이 사랑받고 싶어 한다. 누군가의 따뜻한 눈빛 아래에 지친 몸과 마음을 누이고 걱정 근심 없이 쉬고 싶고 누군가의 다정한 말로 묵은 슬픔을 위로받고 싶고 누군가의 포근한 품에 안겨 살아온 날들의 아픔과 고통의 기억들을 씻어내고 싶다. 또한 사랑받고 싶은 진실은 인간뿐만이 아니라 길 가에 우뚝 선 한 그루의 느티나무도, 들녘에 외롭게 핀 한 송이의 백합꽃도, 봄 하늘에 하늘거리며 날아다니는 한 마리의 노랑나비도 모두 사랑받고 싶어 한다.

사랑받고 싶은 마음은 인간으로서 당연한 소망이다. 나도 또한 그대도 누군가에게 사랑받고 싶은 마음은 아무리 지우려고 해도 지워지지 않는 깊이 새겨놓은 문신처럼 선명하게 온 몸 구석구석에 지니고 있다. 우리 곁에 있는 모든 생명체는 뜨거운 사랑에의 염원을 지니고 있다. 따라서 그대가 사랑받고 싶은 만큼 타인을 사랑한다면 더 이상 그대 주위에는 외로움에 눈물짓거나 인생의 고단함에 남몰래 한숨짓는 사람이 없을 것이다. 사랑받고 싶다면 먼저 사랑을 주는데 인색하지 말라.

나와 그대는 함께 인생의 연금술, 즉 인생의 지혜를 습득하기 위해 그 방법을 찾아가는 다정한 동반자이다. 인간은 각자의 세계 속에서 각자의 눈으로 세상을 바라보고 살아간다. 그렇지만 공통된 이상이 있으니 그것은 사랑받고 싶다는 욕망이다.

사랑받고 관심 받고 누군가에게 오래오래 기억되는 사람이 되고 싶은 것은 얼마나 애절하고 눈물겨운 바람인가.

제 4 장

꿈은 인생을 향기롭게 가꾼다

그대는 한 번뿐인 삶의 시간을 어떤 사람으로서 채워나가고 싶은가.

그것을 생각하고 고뇌하는 것이 바로 꿈을 간직하는 일의 기초적인 작업이다. 모든 사람이 바라는 꿈의 종류와 성격은 다르겠지만 꿈의 가치는 누구나 동일하게 소중할 것이다. 왜냐하면 꿈은 한 개인의 인생 전체를 주도적으로 이끌어가고 꿈이 없이는 그 누구도 궁극적인 성공의 지표 위에 도달할 수 없기 때문이다.

여행을 떠나는 사람이 자신이 어디로 가야할지를 정하지 않고 무작정 길을 떠나는 것은 차라리 이것저것 새로운 경험과 돌발적인 요소들을 체험하는 짜릿한 모험의 재미라도 있겠지만 인생에서 꿈이 없이 살아가는 삶은 캄캄한 어둠 속에서 스스로 두꺼운 안대를 하고 집 밖으로 나서는 것과 같이 무모하기 짝이 없는 일임을 명심하라.

자신의 꿈을 지켜라

　네모난 모양의 꿈을 간직한 사람이 있다. 그는 자신이 희망하는 네모난 꿈을 그 무엇보다 애지중지 간직하고 그 꿈을 이루기 위해 열심히 노력하고 있는 중이다. 그에게는 네모난 꿈만이 자신이 가장 이루고 싶은 인생의 목표이자 삶의 최종 목적지가 되기를 소망하는 마음이 있다. 그렇지만 가족과 친척 심지어 친구들까지도 모두 그의 네모난 꿈을 비웃고 멸시한다. 그들은 동그란 모양의 꿈만이 최상의 것이라고 칭송하며 그가 네모난 꿈을 간직하는 것 자체를 시도 때도 없이 조롱한다. 하지만 그는 주위에서 권하는 동그란 모양의 꿈에 대해서는 생각해 본 적도 없고 털끝만큼도 마음이 끌리지 않는다. 그는 네모난 꿈이 너무나 좋다.

　그는 자신이 왜 네모난 꿈을 이루고 싶은지 가만히 생각해 본다. 그는 어린 시절 네모난 꿈을 마음속으로 생각할 때마다 한없이 행복해했다. 그러나 주변 사람들 거의 모두는 더 늦기 전에 동그란 모양의 꿈으로 빨리 마음을 바꾸라며 은연중에 압력을 넣기도 했고 심지어는 협박도 서슴지 않는 경우도 있었다. 하지만 그는 알고 있었다. 자신이 간직해온 네모난 꿈을 주위의 압력에 못 이겨 포기하고 다른 이들이 권하는 동그란 모양의 꿈을 선택하는 순간 자신의 희망과 궁극적으로 이루어질 인생의 행복은 일순간에 시들어버리고 말 것이라는 것을.

그대에게는 어떤 모양의 꿈이 있는가.

그대가 별 모양의 꿈을 지니고 있든지 막대사탕 모양의 꿈을 지니고 있든지 도넛 모양의 꿈을 간직하고 있든지 주위에서는 분명히 그대의 꿈을 자기들 멋대로 해석하고 분해하면서 얼토당토않은 비판을 가할 것이다. 그리고 은근히 속삭일 것이다. '그건 실현 불가능한 꿈이니 다른 현실적인 꿈을 찾아보는 것이 어때.'

하지만 그런 말을 하는 사람의 입술은 지금 그대가 지닌 꿈을 부러워하고 질투하는 시샘으로 가득 차 있다. 진정으로 그대를 사랑하고 아끼고 사랑하는 사람의 입에서는 이런 말이 나오게 되어 있다.

"너는 참 좋은 꿈을 간직하고 있구나, 열심히 해 봐. 넌 분명히 이룰 수 있을 거라고 믿어."

자신의 꿈을 지켜내는 일은 스스로를 굳게 믿는 믿음이 있어야 가능한 일이다. 쉼 없이 마구잡이로 흔들어대는 주변의 비평과 비웃음에도 결코 흔들리지 않는 빳빳한 자존심이 있어야 한다. 자신을 스스로 믿지 못하면서 꿈을 간직하고 그 꿈을 이루기 위해 노력한다는 일은 너무나 힘든 일이다.

그대 자신을 독하게 믿어라. 자기 자신의 무한한 가능성과 성공에 다다르는 미래의 멋진 모습을 매일매일 상상하라. 그대의 꿈이 크면 클수록 더 많은 사람들이 나서서 더 강하게 비난하고 어떻게 해서든지 그대의 꿈에 대하여 결사적으로 방해할 것이다.

그대의 꿈이 매우 비싼 운동화 한 켤레를 유명한 백화점에서 사고 싶은 소박한 것이라면 그대의 꿈을 비웃거나 그런 꿈은 어리석은 것이라며 만류할 사람은 없을 것이다. 그러나 그대의 꿈이 폭압적인 정치권력으로부터 선량한 국민을 구제하고 자유와 정의가 실현되는 민주주의의 초석을 다지겠다는 광대한 꿈이라면 여기저기에 숨어 있던 부정직하고 타인의 인명과 재산을 염치없이 가로채오던 어둠의 무리들로부터 심한 저항에 부딪히게 될 것이다.

그대의 꿈을 괄시하고 무시하며 비웃는 자들에게 친절한 냉소를 한 아름 안겨 주어라. 그들이 그렇게 나오는 것은 그대의 꿈이 한없이 부럽지만 자신들은 그런 꿈을 꿀 엄두조차 내지 못하기 때문이다.

꿈을 방해하는 사람들과 열악한 환경에 굴복해서 결국 스스로 꿈을 버리고 마는 사람들이 얼마나 많은가.

그대가 꿈을 간직하고 그것을 이루어 내는 일은 수많은 난관을 이겨내야만 하는 고통스런 길이다. 고통과 갈등 없이 꿈을 이룰 수 있는 길은 없다. 밟히면 밟힐수록 더 질겨지고 튼튼해지는 잡초처럼 강인한 생명력으로 그대의 꿈을 꿋꿋이 지켜내라.

꿈을 간직하지 않고 삶을 사는 사람의 일상은 겉으로 보기에 꽤 활기차게 살아가고 있는 듯 보인다. 얼핏 보면 그들이 세상에서 가장 유쾌하고 아무 걱정 없이 삶을 사는 행복한 사람들 같다. 하지만 알고 보면 그들은 지금 아무런 의미 없이 웃고 아무런 가치 없는 언어들로 억지로 명랑한 체 하면서 떠들고 있는 중인 것이다. 꿈이 없는 사람은 절제나 중용 그리고 목표의식이 없기 때문에 매우 자유분방하고 개방적이며 한없이 호의적으로 보이기도 해서 대충 보면 그들은 세상에서 제일 성격 좋고 인간성 좋은 사람처럼 보인다. 그렇지만 속지 말라. 그들은 지금 정체성 상실로 인한 방황의 길에서 우왕좌왕 헤매고 있는 중이다. 그런 사람들과 어울리면 똑 같은 부류의 사람이 되는 건 시간문제다. 그대의 가슴 속 깊은 곳에 그대만의 소중한 꿈을 고이 간직하라.

꿈의 실체

어느 날 그대가 감미로운 음악을 듣고 있을 때 섬광처럼 다가오는 형언할 수 없는 끌림을 느꼈다면 그 순간을 주목하라. 감동적인 영화를 보고 있을 때 전기에 감전된 듯 뜨거운 감정의 떨림이 오랫동안 유지되었다면 그 느낌에 주목하라. 사회질서가 무너져가는 뉴스를 보며 가슴이 터질 듯 속상한 마음이 들었다면 그 불같이 일어나는 정의로운 마음에 주목하라.

지금 강렬하게 그대의 마음을 이끄는 것이 바로 그대의 꿈일 확률이 높다. 그러므로 어느 순간 평상시 느꼈던 감정 이상의 진한 감정의 요동침을 경험했다면 그것은 분명 그대가 평생을 함께 동행해야할 궁극의 꿈과 관계가 있다고 할 수 있다. 꿈이 다가오는 순간은 그 누구도 미리 예상할 수 없지만 어느 순간 강렬한 마음의 진동을 유발하며 다가올 것이다. 자신이 무엇을 바라고 무엇을 위해 살아가야 할지를 결정하는 것이 바로 꿈이다. 꿈이 없는 삶은 살아도 죽어있는 것과 마찬가지의 텅 빈 공백과 같은 삶일 뿐이다. 그대는 스스로 선택한 꿈을 지니고 있어야 한다. 자긍심을 느낄 수 있는 삶은 자신의 꿈을 실현시키기 위해 노력하며 살아가는 모습이다.

그대가 아직 자신의 꿈을 찾지 못했다면 꿈을 발견해내고 그것을 자신의 것으로 만들어내야 한다. 하지만 언제 찾아올지도 모르는 꿈의 방문을 무작정 무기력하게 기다리기만 해서는 안 된다. 시간은 꽁무니에 불붙은 화살마냥 바쁘게 과거 속으로 달음질치고 있기에 좀 더 일찍 자신의 꿈을 찾아내어 꿈이 인도하는 용기와 희망과 신념의 세계로 길을 정해 떠나야 할 것이다.

그렇다면 어떻게 해야 꿈을 찾아낼 수 있을까?

그것은 바로 그대가 자신의 인생 전부를 바쳐서라도 이루고 싶은 것이 무엇인지, 그것이 아니라면 그 어떤 삶의 의미도 찾을 수 없다고 단언할 만한 것이 무엇인지를 예민한 감각으로 포착해내는 지혜를 필요로 한다. 먹잇감을 사냥하기 위해 밀림의 사자는 날카로운 발톱과 번뜩이는 두 눈으로 사방을 주시한다. 조용히 자신의 시야 안에 들어온 먹잇감에게 시선을 고정시키고 그것을 덮칠 순간을 위해 최대한 긴장하며 온 신경을 곤두세운다. 한낱 동물도 자신의 먹잇감을 사냥하기 위해서 이렇듯 눈물어린 노력을 하는데 한 인간의 모든 운명을 결정해낼 수 있는 꿈을 찾아내는 데 아무런 노력이나 긴장 그리고 민첩하고 통찰력 있는 시야를 갖추지 않는다는 것은 꿈을 찾지 않겠다는 것과 다름없는 말이 아니겠는가.

꿈을 찾고자 하는 그대는 평범한 일상 속에 일어나는 온갖 일들에 대한 자신의 반응을 밀림의 사자가 먹잇감을 노리듯 주의 깊고 깊이 있는 시선으로 바라보아야 한다. 그 일들에 반응하는 느낌 속에 바로 그대의 마음을 이끄는 꿈이 담겨 있을 것이다.

꿈은 일찍 찾아내어 그 꿈을 이루기 위한 노력을 하는 것이 좋으나 그렇다고 해서 성급하고 조급한 마음으로 꿈을 찾기 위해 동분서주 할 필요는 없다. 무엇이든 급하게 서두르면 비틀어지고 어긋날 가능성이 높아지므로 마음을 차분히 가라앉히고 고요하고 침착한 상태를 유지시키면서 꿈을 찾아야 한다.

그대가 꿈을 선택하는데 유의해야 할 것은 강렬하게 그대의 마음을 끌지라도 부정적인 느낌의 유혹은 피해야할 위험인자들이다. 긍정적인 것과 부정적인 것의 차이는 삶과 죽음 그 이상의 차이를 지니고 있다. 그렇기 때문에 의도적으로라도 긍정적으로 마음을 끌어당기는 것들에게 관심을 집중해야 한다.

그대여! 그대에겐 딱 알맞은 꿈이 그대를 목이 빠져라 기다리고 있음을 기억하라.

꼭 이루고 싶은 꿈을 소망하라

강력하게 그대의 마음을 이끄는 것은 무엇인가.

자신이 하는 일이 정의롭고 가치 있는 일이라는 생각이 들면 이것만은 꼭 성공해야 한다는 절박한 심정이 된다. 이러한 생각은 매우 큰 의미를 포함하고 있다. 간절하고 절박하다는 것은 그만큼 절실하게 원한다는 뜻인 동시에 그것을 향해 가는 동안은 그 어떤 고난이나 장해물도 이겨낼 수 있다는 굳센 마음자세를 수반한다는 것을 의미하기 때문이다. 그러므로 그대가 꿈을 이루고자 하는 마음이 강렬할수록 마음은 절박할 수밖에 없다.

조용하게 그대가 살아온 날들을 지그시 한 번 떠올려 보라.

그대는 자신이 절실하게 이루고 싶었던 일을 할 때는 아무리 힘들고 고단해도 전혀 피곤을 느끼지 못하지 않았던가. 육신은 비록 피곤함에 금방이라도 쓰러질 것 같았어도 마음만은 오래 소망해온 목표를 향하여 조금씩 나간다는 희망에 부풀어서 즐겁게 그 일을 했을 것이다.

꿈은 그렇게 절박해야 한다. 이루어도 그만 안 이루어도 그만인 꿈은 가치가 없는 꿈일 것이다. 꼭 이루고 싶고 이루지 못한다면 차라리 죽는 것이 나을 것만 같은, 그런 지극히 절박한 심정을 저절로 유발시키는 꿈이 진짜 꿈이다.

그 꿈을 생각하면 그대의 뜨거운 피가 솟구치게 하는 꿈, 그 꿈을 이루어낸 자신의 대견한 모습이 떠올라 자신도 모르게 흐뭇한 미소를 짓게 되는 그런 고귀한 꿈을 소망하라.

하늘도 그대가 그렇게 절박하게 소망하게 되면 감동을 받을 것이다. 그래서 그 꿈은 이루어지지 않을 수가 없게 된다. 왜냐하면 꿈을 절박하게 이루고 싶어서 노력을 하면 세상의 모든 것들이 협동하여 자연스럽게 협조하게 될 것이기 때문이다. 세상의 모든 협조를 받을 수 있는 원동력이 바로 그대의 불타는 의지이다. 그대가 오늘 어떤 꿈을 고심 끝에 선택했다면 절박하게 그 꿈을 이루고자 노력하라. 그것이 그대의 꿈을 이루어낼 수 있는 가장 확실한 방법이다.

꿈은 그것 아니면 숨이 멎을 것 같은 갈급함에 사로잡힐 수 있는 꿈이어야 한다. 누군가 그 꿈을 빼앗아간다면 견딜 수 없을 만큼 슬플 그런 꿈이라야 한다. 그렇게 뼈저리게 원하는 자신만의 꿈을 찾았다면 한시도 지체하지 말고 꿈을 이루기 위한 본격적인 행동을 개시해야만 한다. 단지 머릿속 상상으로만 미라처럼 생명감 없이 존재하기를 꿈은 원하지 않는다. 그대의 남은 생애를 꿈을 이루기 위해 최선을 다할 수 있을 때 그대의 꿈은 필연코 이루어질 것이다.

꿈을 이루기 위해 노력하는 그 과정이 바로 인간에게 주어진 경건한 삶의 길이다. 인간으로서의 보람찬 삶을 약속해주는 것이 바로 진정 꿈인 것이다.

절박하게 꿈을 이루고자 하는 염원을 그대의 붉은 심장에 깊이 아로새겨 넣고서 하루하루 겸손한 자세로 꿈을 향한 발걸음을 내딛어라. 그대의 고귀한 땀방울에 시간은 반드시 보답해줄 것이다.

나 역시 꿈을 지니고 있다. 내가 지닌 꿈은 많은 사람들에게 삶의 희망과 용기를 심어주는 작가가 되는 것이다. 나는 나의 꿈을 믿는다. 그러므로 글을 쓴다. 그래서 매일 목표한 만큼 자판을 두드리며 그 안에 내가 힘겹게 사색으로 깨달은 언어의 씨앗들을 정성껏 심어놓는다. 그대 또한 자신의 꿈을 의심하지 말고 믿어야 한다. 자신의 꿈이 장미꽃처럼 환하게 피어나서 그 향기가 온 세상에 흩뿌려질 그 아름답고 찬란한 생의 순간이 다가올 것을 확신하라.

절박한 심정으로 꿈을 지니고서 그보다 더 절실한 가슴으로 꿈을 이루기 위해 수고를 아끼지 말라. 자신의 꿈이 너무 좋아서 잠이 제대로 오지 않을 만큼 설레는 그런 피를 토하는 절박한 심정으로 오늘을 살아가라.

꿈을 이루고 싶다면 노력하라

　과수원에 있는 아름드리 사과나무에 아무리 탐스럽고 먹음직스런 붉은 사과가 나뭇가지에 주렁주렁 많이 열려 있다고 해도 수고해서 따지 않으면 귀한 음식이 되어주지 못한다. 깊은 바다에 값비싼 참치가 물 반, 고기 반으로 가득 차 있다고 해도 손수 배를 타고 풍랑을 헤치며 그물을 던지는 수고를 하지 않고는 참치를 잡을 수는 없다. 아무리 원대하고 좋은 꿈을 발견하였고 또한 그 꿈을 마음 깊이 소중히 간직하고 살아간다고 해도 꿈을 이루기 위한 구체적인 땀방울을 흘리지 않고서 자신의 꿈이 이루어지길 바라는 것은 어리석은 일이다.

　현대 사회는 힘든 육체적 노동을 기피하는 사람이 날로 늘어 그런 일자리에는 사람이 부족해서 아우성이다.

인생의 꿈을 이루는 데 있어서도 돈이나 행운의 덕으로 자신이 원하는 바를 쉽게 성취해보고자 하는 위험한 사상의 풍토가 곳곳에 만연해 있다. 지금 이 시간 누군가가 노력하지 않고서도 꿈이 이루어질 거라고 안일하게 생각한다면 그에게 다가가 가만히 속삭여 주고 싶다. "이제 그만 꿈 깨세요."라고.

인간의 발바닥에 저항조차 하지 못하고 밟히는 가냘픈 몸매의 식물도 꽃과 열매를 맺기 위해 길고 긴 시간 차가운 얼음 같은 비와 눈을 전부 받아먹으며 땅 속에 씨앗으로 웅크리고 있다가 여리고 가냘픈 줄기와 잎을 지조 있게 흔들며 세상에 자신의 모습을 드러내지 않는가.

인류의 삶의 터전인 덩치 큰 이 지구 또한 매일매일 자전과 공전을 반복하며 거대한 자신의 몸에 기대어 살고 있는 인간, 동물, 식물 등을 무한대로 책임지기 위해 책임의 끈을 놓지 않고 있다. 늙고 지친 지구는 지금 당장 포기하고 싶을 수도 있다. 인간이 배출하는 더럽고 추한 오염물질들로 인해 지구의 상태는 이미 위험상태에 다다라 있기 때문이다. 그러나 지구는 자신에게 의지하며 살아가는 생명들을 보호하고 지켜주고 싶은 꿈이 있다. 그러므로 지구는 오늘도 인간이 그 수고를 알아주지 않아도 지구로서의 임무를 묵묵히 수행하고 있는 것이다. 이렇듯 모든 것들은 노력을 하며 살아가고 있다.

　노력이 없는 인생은 수액이 끊긴 채 환자의 팔에 덩그러니 꽂힌 주사바늘과 같은 것이다. 수액이 없이 꽂힌 주사바늘은 어떤 결과를 초래하는가. 붉은 피가 역으로 솟구쳐 올라 그대로 방치하면 환자의 생명이 위험에 처할 수도 있는 것이다. 꿈을 향한 노력은 수액과 같은 것이다.

　"어제까지 노력을 열심히 했으니 오늘은 좀 쉬어도 되겠지."라는 자세로 하는 노력은 꿈을 이루어내기에 역부족이다. 꿈을 이루기 위해서는 어제와 마찬가지로 오늘 또한 최선을 다해 노력해야겠다는 일관된 자세가 필요하다.

　조금만 더 노력하면 이루어질 자신의 꿈을 그 조금의 노력을 다하지 못해 꿈의 목전에서 그만 포기하고 마는 안쓰러운 인생이 세상엔 너무나 많다. 대개 성공과 실패는 눈에 확 띄는 커다란 차이가 아니라 미세한 노력 그 한끝 차이인 경우가 많다. 자신의 원하는 꿈을 활짝 세상에 펼치며 행복하게 멋진 인생을 살고픈 사람은 자신이 왜 꿈을 이루기 위해 노력해야 하는지 분명한 이유를 알고 있기 때문에 노력의 끈을 놓지 않는다. 그러기에 그는 좌절하거나 포기할 수밖에 없어 보이는 상황에서도 자신의 꿈을 버리지 않고 강건하게 살아갈 수 있는 것이다.

그대여! 꿈에 대한 생각을 무성의하게 대하지 말라. 꿈은 가벼운 말장난이나 들어도 그만 안 들어도 그만인 농담처럼 그대를 대하지 않는다는 것을 기억하라.

꿈을 이루기 위해 왜 노력해야하는지 스스로에게 자문하는 것은 자신이 무슨 연유로 이 세상에 태어났는지에 대한 해답을 찾아내기 위해 수행하는 깨달음의 길과 오랜 세월 함께할 공유의 길이다. 그대가 스스로 자신의 꿈을 결정하였다면 꿈은 언제라도 그대를 위해 헌신할 준비가 되어 있다. 꿈이 그대에게 그러하듯이 그대도 꿈에 대하여 진중하라.

인간에게는 다른 동물들과는 분명히 차별되는 고차원적 자아가 있다. 그 자아는 끊임없이 성장하며 진리를 추구하기를 원하고 있다. 그러나 그러한 자아의 바람을 깨닫지 못한 인간들은 자아를 방치함으로써 자아의 극심한 파멸을 초래하고 만다.

이렇듯 자아가 파괴된 사람들은 비참한 인생의 행로를 홀로 걸어갈 수밖에 없다. 술에 만취하고 마약에 영혼을 빼앗기고 도박에 인생의 운을 걸며 쾌락의 기쁨에 젖은 채 단

한 번뿐인 자신의 삶을 돌이킬 수 없을 만큼 처절하게 망치고 마는 것이다.

그러나 자신에게 있는 고차원적 자아를 성숙한 지혜의 눈으로 인지하고 자아가 간절히 원하는 꿈을 발견하고 그 원대한 꿈을 이루기 위해 쉼 없이 노력하며 살아가는 건실한 사람들이 있다. 그들이야말로 이 세상을 이끌어가는 중심이며 인류의 새로운 역사를 유려하게 써가는 사람들이라고 말할 수 있다.

인간으로 태어났다는 의미는 꿈을 이루기 위해 고결한 생명을 부여받았다고 해도 과언이 아니다. 자신의 꿈을 이루기 위해 노력하지 않는 인간의 일생은 참으로 불행한 인생이라고 할 수 있다. 물론 모든 사람들의 꿈이 다 이루어질 수는 없겠지만 꿈을 이루기 위한 노력은 누구나 할 수 있는 일이다. 그 노력조차 힘겹다고 무시하고 자아의 간곡한 소망을 팽개쳐버린다면 사료에 코를 묻고 먹느라 마냥 바쁜 돼지와 다를 바가 무엇인가. 오히려 그런 사람보다는 돼지의 영혼이 더 맑고 깨끗할 것이다. 돼지는 더러운 욕심으로 자신의 영혼을 덧칠하거나 쾌락에 빠져 일상을 엉망으로 만들지는 않을 것이기 때문이다. 돼지보다 못한 삶을 살 것인가.

꿈을 이루기 위한 노력을 하지 않는다면 슬프지만 그렇

게 될 것이다. 그대에게는 태어난 순간부터 일생을 걸고 도
전할 꿈이 안겨져 있음을 잊지 말라.

　그대가 숨이 막힐 만큼 힘들 정도로 노력한다고 해서 그
대가 바라는 꿈이 당장 이루어지지 않을 수도 있을 것이다.
그것은 그대에게 시간이 좀 더 필요하기 때문이다. 얼마만큼
의 시간인가. 꿈이 익어가는 시간이다. 꿈도 익을 만큼 익어
야 한다. 풋과일을 먹으면 배가 아프거나 탈이 날 수 있는 것
과 같은 이치이다. 그대에게는 노력이라는 비료와 기다림이
라는 인내의 시간이 더욱 필요한 것이다.
　그대는 그 꿈을 이루어내기 위해 땀방울을 흘릴 준비가
되어 있는가.
　꿈을 이루고 싶다면 노력하라. 오늘 그대가 최선을 다해
진정으로 노력했다면 자신이 바라는 꿈은 그만큼 더 가까워
졌을 것이다. 그대가 꿈을 이루기 위해 노력하는 그 순간이
인생의 연금술을 터득하는 역사적이고 경이로운 순간인 것
이다. 그런데 왜? 그대는 끝까지 노력하지 않고 포기하려고
하는가. 성공이 바로 거기에 있는데.

제 5장

꿈을 이루기 위해 지녀야할 보물들

언제나 즐거운 일, 기분 좋은 일만 습관화된 일상처럼 일어날 수 있다면 얼마나 좋겠는가. 그렇지만 인생의 법칙은 유쾌한 일과 불쾌한 일의 무한 교차로 인해 이루어지는 것이다.

오늘도 삶은 번거롭고 불유쾌한 사건과 사고들을 원치 않는 그대에게 다가와 한 아름 안겨줄 것이다. 그러기에 그대는 수시로 발목을 잡아 흔드는 일상의 고민거리들을 과감히 물리치고 그대의 소중한 꿈을 이루기 위해 지녀야할 보물들이 무엇인지에 대해 차근차근 알아보아야 한다.

많은 사람들에게 존중받을 수 있는 인물은 얼마나 오랫동안 고통을 잘 이겨낼 수 있는가 하는 것으로 구별할 수 있다. 그 고통은 육체적인 고통일 수도 있고 정신적 고통일 수도 있겠지만 무엇보다도 영혼을 억누르는 생의 번민과 고통을 이겨내야 한다. 그 고통을 이겨내는 방법이 있다. 그것은 바로 꿈을 이루기 위해 지녀야할 보물들이 무엇인지 분명히 알고 그것들을 가슴 깊이 간직하고 매일매일 실천에 옮기는 일이다.

자, 이제부터 나와 함께 그 보물들이 어떠한 의미를 지니고 있는지에 대해 알아보자.

꿈을 이루게 하는 보물들

꿈을 이루기 위한 첫 번째 보물은 '정직함'이다.

정직하지 않은 사람은 스스로에게 부끄러울 수밖에 없다. 왜냐하면 그는 자신의 행동이 정직하지 못하다는 것을 누구보다 본인이 스스로 잘 알고 있기에 행여나 다른 사람에게 자신의 초라한 인격의 단면이 들통날까봐 더 그럴듯하게 거짓된 행동을 하는 것이다. 그런 사람에게는 성공이나 행복이 찾아와 머무르고 싶어도 머물 공간이 없다. 성공과 행복은 마음의 평화라는 평온한 대지 위에서만 온전히 피어나는 것이기 때문이다. 그러나 정직한 사람은 착하고 진실한 마음으로 삶을 살아가기에 자신에게 그리고 세상에 부끄러움이 없는 사람이다. 그는 진실한 마음으로 삶을 살아가는 사람이기에 부정직하고 의롭지 못한 일들에 스스로 몸과 마음을 빼앗기지 않는다. 때문에 자신이 가고자 하는 올바른 길을 향하여 변하지 않는 마음으로 꾸준하고도 반듯한 자세로 걸어나갈 수 있는 것이다.

반면 정직하지 못한 사람의 인생행로는 어떠한가.

늘 겉이 번지르르한 위선으로 자신의 썩어문드러진 내면을 감추고 사람들을 감쪽같이 속이는 일에 몰두해야 하므로 하루하루가 아슬아슬한 살얼음판 위를 걷는 듯 위태로울 것이다. 그러므로 꿈을 향하여 자신의 열정을 불태우기도 힘들고 설령 꿈을 지니고 삶을 살아간다고 해도 정직하지 못한 마음을 지니고 있기에 그에게는 꿈이 이루어질 가능성은 매우 희박하다. 왜냐하면 위대하고 가치 있는 꿈은 마음이 맑고 정직한 사람에게만 자신의 가슴을 열어 따뜻한 체온을 허락하기 때문이다. 정직하지 못한 사람은 그 위선이 오래 유지되지 못하고 반드시 사람들에게 실망을 안겨주게 되어 있다.

우리는 많은 사람들로부터 존경을 받는 누군가 사실은 정직하지 못한 사람이며 그의 비열한 행위가 밝혀졌을 때 충격을 받게 된다. 그것은 그에 대한 배신의 감정을 느꼈기 때문이다.

그대가 본받고 싶었던 사람이 위선의 가면을 쓰고 살아가는 사람이라는 것을 알았을 때 그대의 마음은 어떠하겠는가.

그 기분이란 열대야로 잠 못 이루는 무더운 여름 밤 냉장고에서 갓 꺼낸 음료수를 시원하게 들이키다가 파리가 목구멍에 걸린 것처럼 찜찜할 것이다. 또한 그대가 그 사실을 알고 난 후에는 그가 평소에 했던 모든 말과 행동들에 대하여 의구심이 들 수밖에 없을 것이다.

정직함은 인간 사이의 신뢰를 형성하는 중요한 뿌리가 된다. 그러므로 그대가 희망하는 원대한 꿈을 이루고 싶다면 정직해야 한다. 타인을 속이느니 차라리 자신의 혀를 침묵 속에 꽁꽁 묶어두어라. 또한 자신을 속이느니 차라리 그대 인식의 창을 닫아 두어라. 인간관계에서 신의를 저버리는 정직하지 않은 행위는 상대방의 믿음에 대한 비열한 배신행위라는 것을 명심하라.

그대는 정직함이라는 보물을 내면 깊이 간직하고 살아가야 한다. 그대의 인생에서 정직이 얼마나 중요한 스스로의 지침이 되느냐에 따라 그대의 삶에 대한 평가는 확연히 달라질 것이다. 그대가 모든 것을 이룬다고 해도 정직하지 못하였다면 어떤 부귀영화도 잠깐 사이에 사라져버리는 물거품처럼 사라질 것이며, 그대가 정직했다면 모든 것을 잃는다고 해도 언젠가는 사람들이 그대의 의로움을 기억하여 선한 사람으로 기억할 것이다. 그대가 자신의 꿈을 이루어가는 과정 중 많은 이들에게 이로운 혜택을 주는 보배로운 삶을 살아가 길 원한다면 정직함을 생활신조로 삼기를 망설이지 말라.

꿈을 이루기 위한 두 번째 보물은 '긍정적 시선'이다.

맑고 쾌청한 공원에서 우연히 함께 앉은 두 사람이 건너 편 벤치에 앉아 있는 한 사람을 바라보고 있다. 건너편에 앉아있는 그 사람은 낡은 작업복 바지에 심하게 더러워진 허름한 셔츠를 걸친 채 의자에 겨우 몸을 지탱하고 앉아서 힘에 겨운 듯 가쁘게 숨을 몰아쉬고 있다. 그가 살아 있는 사람이라는 것을 증명하는 것은 간간이 오르내리는 가슴의 움직임 뿐이었다. 그는 눈을 감고 깊은 상념에 잠긴 듯 마치 식물인간과도 같은 모습으로 공원을 산책하는 사람들의 시선을 붙들었다.

그 모습을 바라보고 있던 두 사람 중 한 사람은 그를 바라보며 눈살을 찌푸리면서 비평의 말을 서슴없이 내뱉었다.

"저 몰골을 좀 봐. 어휴. 얼마나 게을렀으면 저런 모습으로 앉아 있을까. 쯧쯧."

다른 한 사람도 그를 바라보았다. 앞의 사람을 바라보는 그의 눈은 연민의 애처로운 눈빛을 숨기지 못했다.

"힘든 일이 있나봐. 얼마나 사는 게 고단했으면 자신의 몸을 돌볼 틈도 없을까. 정말 안타깝고 가여워."

두 사람이 본 광경은 동일했을 것이다. 그러나 그들이 느끼는 감정과 대응은 매우 달랐다. 한 사람은 부정적인 시선으로 보았고 또 한 사람은 긍정적인 시선으로 보았던 것이다. 그것은 마치 화단에 핀 꽃 한 송이를 보고 한 사람은 아름다운 향기를 맡았고 한 사람은 날카로운 가시를 본 것과 같다.

누구나 인생은 고통스럽고 힘겨운 것일 수 있다. 왜냐하면 누구에게나 인생의 험난한 폭풍우는 반드시 몰아칠 수 있고 인간으로서는 어찌 할 수 없는 불가항력적인 자연재해도 결코 무시할 수 없는 인생의 고난이 될 수 있다. 이러한 고난을 극복하는 가장 좋은 비결이 긍정적인 생각으로 삶을 살아가는 것이다.

그런데 왜! 인간은 부정적인 시선이라는 위험한 도구로 자신과 세상을 바라보면서 점점 더 어둡고 불안한 좌절의 늪에 빠져들고 있는가. 부정적인 시선을 지니고서는 진정한 행복을 누릴 수 없다. 꿈을 이루어내기 위해서는 희망이 있어야 하며 희망은 꿈에 대한 긍정적인 바람이다.

부정적으로 미래가 펼쳐지길 소망하는 사람이 어디 있겠

는가. 그런데 많은 이들은 스스로 긍정적인 상황이 아닌 부정적인 상황을 자초하고 있다. 더 심각한 것은 자신이 왜 자꾸 불행의 늪에 점차 빠져들고 있는지조차 깨닫지 못한다는 것이다. 자신이 하는 일마다 온통 오류투성이인 사람이 있다면 그는 이 모든 불행의 시초가 바로 부정적인 시선으로 삶을 왜곡하여 이해하기 때문이라는 아주 간결한 인생의 진리를 깨달을 필요가 있다.

그대는 그대가 염원하는 꿈을 이루고 싶은가. 그렇다면 긍정적인 시선으로 사물을 바라보라. 긍정적인 시선을 토대로 부드럽게 삶의 상황에 대처해 나가도록 하라. 그렇게 한다면 그 어떤 막강한 장해물도 그대가 꿈의 실현으로 가는 행로를 방해하지 못할 것이다.

꿈을 이루기 위한 세 번째 보물은 '순결한 영혼'이다.

인간을 이루는 두 가지 요소가 있으니 그것은 바로 육체와 영혼이다. 우리의 눈을 통해 실제적으로 삶을 이끄는 것은 육체인 것 같지만 가장 앞서서 인간의 삶을 이끌어가는 것은 바로 영혼이다. 그렇지만 안타깝게도 그 누구도 영혼의 중요함에 대하여 가르침을 주지 않았다.

나는 그대에게 그 누구도 강조하지 않았던 순결한 영혼

의 중요성에 대하여 나의 깨달음을 전하려고 한다. 거의 모든 인류가 지성적 교육의 요람인 학교에서 수년을 열심히 공부를 해도 또는 도서관에서 밤잠을 못 이루며 책을 읽어보아도 영혼의 순결성과 인생의 불가분의 관계에 대하여 깨달을 수 없었을 것이다. 부모들은 자녀들의 성적이 이번 시험에는 몇 점이나 올랐는가에 대해서만 관심의 촉수를 뻗을 뿐 자식의 영혼이 얼마나 순결한지, 세상의 유혹에 흔들리고 있진 않은지, 흔들리는 자아를 불안한 세상에서 지켜내지 못하고 좌절하고 있지는 않은지에 대해서는 거의 무관심하다.

그대의 영혼은 지금 어떠한가.

인생의 긍정적 꿈을 이루려는 포부를 지닌 사람이라면 순결하지 않는 영혼에 대해 더 이상 미련을 두지 말고 냉정하게 버려야 한다. 어머니의 뱃속에서 인간의 구체적 형태를 이루어가기 시작한 그 순간에 우리들의 영혼은 이미 완성되어 있었다. 그 실체는 순결함이었다. 인간은 누구나 그러한 순결함으로 인해 눈이 부시도록 깨끗한 영혼이었고 그 누구도 침범할 수 없는 고유의 우아함을 지니고 있었으며 세상의 모든 것들과 편견 없이 소통할 수 있는 맑고 순수한 영혼 그자체였던 것이다. 그러나 어머니의 따뜻한 뱃속으로부터 벗어나 세상의 척박한 토양 위에 발을 내딛고 나서부터 인간의 영혼은 서서히 어둡고 불안한 암흑의 빛이 스며들기 시작했다. 때로는 자신의 약한 의지에 의해, 때로는 타인과 주위의 배타적 환경으로 인해 우리들은 변화되어 왔던 것이다. 그렇지만 순수함을 잃어버린 자신에 대해 주위의 환경과 타인을 탓하기보다는 스스로의 굳은 의지로 각성해야 한다.

세상에 이로운 영향을 끼치려면 그대의 인격이 우선 다른 사람들에게 모범이 되어야 한다. 퇴폐적이고 타락한 영혼을 지닌 사람이 다른 사람에게 모범이 되는 인격의 소유자가 될 수는 없기 때문이다. 그래서 자신의 꿈을 대함에 있어서 순결한 영혼의 중요성은 아무리 강조해도 지나치지 않은 것이다. 그렇다면 여기에서 자신의 약한 의지에 의해 영혼의 순결함이 심각하게 훼손되는 경우를 살펴보도록 하자.

먼저 술을 마시는 경우이다. 술을 마시고 있는 사람들의 눈동자를 가만히 들여다보라. 그들의 붉게 충혈이 된 두 눈은 한없이 탁하고 몽롱하며 알 수 없는 환상에 사로잡힌 듯 애매모호하다. 술에 취한 사람에게 가까이 다가가면 술이 그들의 영혼을 맛있게 갉아먹는 소리가 창고에서 생쥐들이 몰래 곡식을 갉아먹는 소리처럼 아득하게 들려온다. 그의 뇌는 이미 술이란 비밀스런 파괴자에 의해 서서히 고통과 파멸의 길로 인도되어 가고 있는 중이다. 술에 취해 이성의 끈을 놓아버리는 그 순간 그의 영혼은 술의 해악에 치를 떨며 신음 소리를 내고 있다. 그러나 술에 이미 완벽하게 점령당한 사람은 그 신음소리를 미처 듣지 못할 것이다. 술을 적당히 마시는 건 건강에도 좋다면서 한 잔 두 잔 마시다보면 한 잔이 한 병이 되고 한 병이 두 병이 되는 건 정말이지 시간문제이다. 그대는 절대 과음을 하지 않기 바란다. 술은 그대의 영혼을 마비시키고 타락시키기에 충분한 장해물이다.

또 영혼을 스스로 해치는 경우는 담배를 피우는 것이다. 담배를 처음 배울 때 특히 청소년 시기에는 일종의 영웅적인 호기심이 발동한다. 여기저기에서 폼 잡고 담배 피우는 사람들을 보면 얼핏 멋있어 보이기도 하고 분위기도 있어 보이기 때문에 한창 호기심이 발동할 그 시기에는 담배는 정복하고 싶은 매혹적인 상대가 되는 것이다. 담배와의 첫 만남은 그리 달콤하지만은 않았을 것이라고 생각한다. 왜 그렇게 고약한 것을 피우는지 모르겠다고 고개를 갸우뚱거릴 정도로 씁쓸하고 매캐하지만 자꾸 피우다보면 이젠 그것이 없으면 온몸이 제 기능을 못할 정도가 되어버린다. 담배는 본인에게만 해로운 것이 아니다. 주위에 있는 사람들에게도 담배연기 냄새처럼 참아내기 힘들만큼 역겨운 것도 없을 것이다. 각종 암과 끔찍스런 질병을 유발하는 독한 연기를 주위 사람에게 사과나 양해도 없이 양심을 내다버린 사람처럼 내뿜는 것은 범죄행위라고도 할 수 있다.

영혼의 순결함이 훼손되는 또 다른 경우는 도박을 하는 것이다. 인간이 사는 세상에서 돈으로 불가능해 보이는 것은 거의 없는 것처럼 보인다. 그래서 사람들은 어떻게 해서든지 조금이라도 더 많은 돈을 자신의 수중에 넣고자 필사적으로 노력한다. 돈이 없는 사람은 궁핍한 삶으로 힘들어하다가 결국은 초라하게 일생을 마치고 만다. 반면 돈이 많은 사람은 풍요와 부유함에 배불리 먹고 편안하게 지내다가 화려하게 장식된 무덤 속에 잠든다. 그래서 인간에게 돈은 목숨만큼 중요한 것이 되어 버렸다. 돈이 없는 사람은 아파도 병원에 가는 것도 차일피일 머뭇거리며 치료시기를 놓치거나 수술비를 마련하지 못해 병의 증세가 더 악화돼 결국 고통 속에 삶을 마무리 하는 경우가 많다. 하지만 돈이 많은 사람들은 별 특별한 병이 있는 것도 아닌데 매 년 정기적으로 건강검진을 받고 몸에 좋은 보약과 건강식품을 챙겨먹고 유기농 채소와 최고급 고기를 먹으며 오래오래 살면서 사회에서도 특별한 존재로 대접을 받으며 산다. 그래서 사람들은 돈을 벌기 위해 열심히 이리 뛰고 저리 뛴다. 그러나 모든 사람들이 합리적인 노력을 통해 돈을 벌려고 하지는 않는다.

여기 힘들이지 않고 쉽고 간단하게 큰돈을 수중에 넣으려고 하는 사람들이 있다. 바로 도박을 하기 위해 오늘도 휘황찬란한 불빛이 밝혀진 카지노의 입구에 다다른 사람들, 으슥한 골목길 평범한 가정집 거실에 둘러앉아 화투장을 손에 쥐고 긴장의 땀에 젖어 있는 사람들, 경마장에서 거액의 배당금을 걸고 달리는 말의 꽁무니를 뚫어져라 바라보고 있는 사람들이다.

　　도박하는 사람에게는 도박 자체가 인생의 전부가 된다. 왜냐하면 처음 의도와는 달리 시간이 지날수록 도박은 돈을 벌기 위한 수단이 아닌 자신의 비뚤어진 욕망을 충족시키는 절대적 존재가 되기 때문이다. 처음에는 자신이 지닌 돈을 투자하지만 그것마저 바닥이 나면 빚을 내기를 서슴지 않는 것도 그런 연유에서 비롯된다. 처음에는 사람이 돈을 운영하는 것 같지만 도박의 늪에 빠지면 이제 돈이 사람을 운영하는 섬뜩한 지경에 이른다. 그러다 최후에는 돈의 노예가되어 비참한 인생의 바닥에 떨어지게 된다. 그것이 도박을밥 먹듯이 하는 자들의 삶이다. 이토록 끔찍한 도박의 유혹을 벗어나지 못한다면 애당초 꿈을 지니는 것조차 불가능하다. 아름다운 꿈은 순결한 영혼으로 이루어진 보물일진데 순결한 영혼을 죽음으로 몰아넣는 도박의 중독에 스스로 뛰어든 사람에게 꿈은 환상에 불과할 뿐이다. 무엇이든 노력하고 성의껏 최선을 다한다면 그 노력의 결과는 분명 존재할 것이다. 그러나 다른 사람의 것을 정당하지 않은 수단을 사용하여 취득하려고 하는 것 자체가 모두 도박과 같은 부도덕한 행위인 것이다. 그대는 자신의 땀과 노력이 깃들지 않은 것들은 자신의 것이 아니라는 정당한 가치관을 지니길 바란다.

여기, 순수한 영혼을 돌이킬 수 없을 만큼 훼손시키는 예가 또 있다. 그것은 바로 '과도한 성적인 쾌락'을 추구하는 것이다. 성적 욕망은 부드럽고 따뜻한 인간의 살결을 끊임없이 갈망한다. 또 다른 육체와의 완벽하고 황홀한 어우러짐과 현실의 고통과 번잡함을 순식간에 날려버릴 만큼의 황홀한 성적 카타르시스를 찾아 헤매는 것이다. 어찌 보면 그것이 원초적인 본능을 지닌 인간의 한 단면적인 모습일 수 있다. 성숙한 육체를 지닌 인간이라면 성적인 행복을 추구하고 그 행위로 인해 마음의 안정과 자신의 자존감을 채워가는 것이다. 사랑하고 사랑받고 싶은 욕망의 최대 꼭짓점이 바로 성적인 교감이 아니겠는가. 그렇지만 진정한 마음으로부터 솟아나는 사랑의 느낌으로 육체적 사랑을 하는 것과 오로지 성적인 쾌락만을 과도하게 추구하는 것과는 엄연히 다른 개념인 것이다.

오로지 솟구치는 성욕을 충족시키기 위해 상대방에게 친절하게 대하고 값비싼 선물을 주며 사랑한다고 간지럽게 속삭이는 사람은 순수한 영혼을 타락시키는 오염된 강물에 빠져 헤어 나오지 못할 것이다. 어느 누구도 육체적 쾌락을 만족시키기 위해 오늘 거기에 존재하는 것이 아니다. 그대 역시 타인에게 육체적인 기쁨과 만족만을 주기 위해 오늘 여기에 존재하고 있는 것이 아니지 않는가.

누군가를 바라볼 때 오로지 성적욕망의 대상으로 느끼는 순간 그가 밟고 선 연약한 얼음장 위로 돌을 악의적으로 던지는 행위를 하는 것이다. 그 얼음판은 단단하게 그를 지탱하고 있는 것 같지만 사실 그 아래에는 불과 몇 센티미터의 연약한 얼음이 있을 뿐이다. 장난삼아 던진 돌들에 의해서 서서히 균열이 가고 어느 순간 그 얼음판이 깡그리 깨지면 그는 차가운 강물 속에 손 쓸 틈도 없이 침몰할 수 있다. 그래서 다시는 수면 위로 떠오르지 못할 수도 있는 것이다. 상대방의 의사와는 전혀 상관없이 자신의 성적욕구만을 해결하려고 하는 행동은 그가 딛고 선 얼음장을 망치로 깨부수는 것과 같은 행위이다. 나의 순결이 소중하듯이 타인의 정조도 중요하다. 서로 사랑하는 마음의 교감으로 정신적 영혼의 사랑이 합일을 이룰 때 육체적 사랑을 나누라.

인간은 누구나 소중한 자아와 꿈을 지니고서 불안한 미래의 얼음장 위를 조심조심 걸어가고 있는 중이다. 그가 걸어가고 있는 얼음장 위에 모욕의 돌을 던지지 말라.

꿈을 이루기 위해 지녀야만 하는 네 번째 귀한 보물은 '거절을 두려워하지 않는 마음'이다.

꿈을 완성한 순간이 환희와 희열의 만찬이라면 그것을 가능하게 한 숨은 공신이 있으니 그건 바로 거절을 두려워하지 않는 마음이다. 누군가의 성공에는 반드시 거절이란 쓰디쓴 경험들이 밑바탕에 두껍게 도포되어 있을 것이다. 단 한 번도 누군가에게서 거절을 받아보지 않았다면 그는 애초에 성공을 위한 도전과 앞을 알 수 없는 모험을 시도하지 않은 지지부진하고 무능한 삶을 살았을 확률이 높다.

그대 오늘 거절당했는가.

괜찮다. 앞으로 더 많은 거절을 당한다고 해도 그대는 가슴을 활짝 펴고 눈웃음 지으며 거뜬히 이겨낼 수 있다. 그래야만 하고 그렇게 하지 않으면 인생이란 험난한 파도가 굽이치는 바다에서 꿈을 향해 돛을 펄럭이며 위풍당당하게 항해해갈 수 없다. 뱃머리에 파고드는 암초에 부딪혀 배가 금방이라도 가라앉을 듯 위태로워 보인다고 해서 그 배를 냅다

버리고 자신의 몸만 건지겠노라고 물로 뛰어들 수는 없지 않은가. 자신의 배를 제 몸보다 더 아끼는 책임감이 강한 선장은 끝까지 배를 지켜내기 위해 안간힘을 쓸 것이다.

배는 꿈이고 거절은 인생의 암초다. 바다의 그 잔잔한 수면 아래에는 그 위를 지나가는 것들의 삶을 붙들고 함께 수렁으로 유혹하기 위해 작정하고 있는 수없이 많은 암초가 숨어 있기 마련이다. 인생의 드넓은 바다에도 거절이라는 뜻하지 않은 암초가 있다. 그러나 다행히 거절을 경험하면 할수록 그대는 좀 더 여유로워지고 좀 더 강인해질 것이다. 왜냐하면 거절을 실패로 받아들이지 않고 더 나은 발전을 위한 도약의 행운이 깃든 계기로 받아들일 수 있다면 현재보다 더 나은 미래를 단단히 구축할 수가 있기 때문이다.

그대여! 거절을 두려워하지 말라.

거절을 두려워하지 않는 당찬 마음을 지니는 것이 꿈을 이루는 데 반드시 필요하다는 것을 현명한 인생의 선배들은 그대에게 친절하게 말해주고 있지 않은가. 누군가가 거절의 쓴 잔을 그대에게 건넨다면 기꺼이 들이키고 환하게 웃어라. 다음번에는 반드시 성공하겠다는 집념의 손을 들어 그 잔을 받아 마셔라. 꿈은 거절을 두려워하지 않는 사람의 품에 연인처럼 포근히 안길 것이다.

꿈을 이루기 위해 지녀야만 하는 다섯 번째 귀한 보물은 '자신감'이다.

하루하루 먹고 사는 데에 심혈을 기울이느라 자신의 이상을 잃어버린 채 살아가는 인간을, 동물의 지엽적인 한계에서 벗어나 원대한 꿈이 완성되는 성공의 보금자리로 안내할 보물은 바로 빛나는 자신감이다.

구름 사이에서 수줍은 듯 빛나는 태양은 본래 눈부신 빛을 내면에 지니고 있으나 자신의 최대가치인 빛의 경이로운 자태를 온전히 보여줄 수 없을 때가 있다. 빛을 가로막고 있던 어두운 구름이 모두 다 흩어지고 난 후에야 비로소 빛은 자랑스럽게 지상의 모든 것들 위에 온유하게 내려설 것이다.

인간에게 있어서 꿈은 태양과 같다. 꿈이라는 태양을 가리고 있는 것들에 대해서 관심을 기울이고 찾아내어 스스로 치우지 않는 이상 그 꿈을 이루기는 힘들 것이다. 번민, 상실감, 조롱, 자학, 포기, 세상에 대한 무관심, 자아의 빈곤 등 꿈으로 가는 길을 답답하게 차단하고 있는 것들은 너무나 많다. 그것들을 명쾌하게 물리칠 힘을 지닌 것이 무엇인가.

그것은 바로 그대의 강한 자신감이다. 자기 자신이 이 세상에서 최고라고 명백하게 자부하는 일이다. 그 어떤 이에게도 나의 재능이 뒤지지 않는다고 자신을 긍정적으로 추켜 세

위주는 일이다. 언제나 자신을 위로할 사람은 바로 자기 자신이다. 친구의 격려와 보살핌도 부모님의 따스한 위안도 중요하지만 그대 인생을 끝까지 함께 할 사람은 바로 자기 자신 뿐임을 잊지 말기 바란다. 그러므로 자신을 지켜내고 자신이 소망하는 일에 있어서 지치지 않는 의욕을 고취시키는 일은 물을 마시고 신선한 산소를 호흡하는 일만큼 중요한 일이다. 자신감으로 든든하게 무장한 사람에게 절망은 넘어야 할 골치 아픈 장해물이 아니라 딛고 일어설 성장의 디딤돌이 될 것이다.

온갖 시련의 시기를 이겨내고 마침내 그대가 빛나는 자신감을 소유하게 된다면 절망과 고통은 감내해야할 삶의 불쾌함이 아니라 주사 맞는 두려움을 잠시 참아내면 병에 대한 항체가 생성되어 육체적 건강을 보장해주는 예방백신처럼 고마운 존재가 될 것이다.

여기에서 주목해야 할 점이 있다. 내가 그냥 자신감이 아닌 빛나는 자신감이라고 표현한 점이다. 보통 수준의 자신감으로서는 험난한 삶의 가시밭길을 헤치고 나가기에는 역부족이다. 그러기에 한층 고조된 팔월의 들끓는 햇살보다 더 뜨겁게 타오르는 빛나는 자신감이 필요한 것이다.

그렇다면 도대체 빛나는 자신감이란 보물은 어떤 성향을

지닌 사람이 찾아낼 수 있을까.

　그는 자신스스로에 대해 누구보다 잘 이해하는 사람이라고 할 수 있다. 때문에 그는 타인이 아무리 자신이 이룩한 노력과 땀의 결과물을 걷어차고 폄하한다고 해도 기죽지 않는다. 그에게는 어떤 냉소와 비웃음에도 굴하지 않는 빛나는 자신감이 있기 때문이다. 그리고 유의해야 할 점은 이 빛나는 자신감이란 보물은 끊임없이 연료를 충전해주어야 한다는 것이다. 그 연료는 하루에도 몇 번씩 상처 입은 자아를 살뜰하게 보살피고 사랑하며 스스로를 위로하는 마음이다.

　꿈을 이루기 위해 선택해야 할 여섯 번째 보물은 '온화한 미소'이다.

　부드럽게 미소 짓는 사람의 얼굴을 바라보는 일은 그 자체만으로도 뿌듯하고 행복한 시간이 된다. 반면 찡그리거나 무표정한 사람의 얼굴을 바라보는 일은 그 자체만으로도 짜증나고 스트레스 받는 일이 될 것이다.

　그대의 진정성과 호의를 누군가에게 전하는 가장 쉬운 방법이 살며시 미소 짓는 일이라면 어떠하겠는가. 백화점에 가서 명품 물건을 사서 선물하는 것보다 더 쉽고 간편하며 갖은 아부를 하여 그의 비위를 맞추는 일보다 더 격조 높은 일이 미소를 선물하는 일이다. 꿈을 이루기 위해 왜 그대는 온화한 미소라는 보물을 지녀야 할까.

꿈은 행복한 향기를 풍기는 사람에서만 피어날 수 있는 꽃과 같은 것이기 때문이다. 행복한 향기를 풍기는 사람이란 그에게서 인격적인 향기 즉 사랑을 가득 담은 미소를 잘 짓는 사람이란 말과 일맥상통한다는 점을 기억하길 바란다.

온화한 미소를 짓기 위해서는 마음에 갖가지 의심과 걱정이 없고 그 심중이 한없이 잔잔하고 평화로워야 한다. 생각이 헝클어진 채 삶이 고통스럽다고 느끼는 사람은 억지미소를 지을 수 있을지는 모르겠지만 쳐다만 봐도 행복한 느낌이 전해져 오는 그런 미소를 지을 수는 없을 것이다. 사람의 마음을 움직이는 미소는 진실한 미소다.

그대는 정직하고 온화한 미소를 지을 수 있도록 늘 마음속을 편안하고 따스하게 만들어야 한다. 화가 난다고 해서 자신이 얼굴을 그 감정대로 뭉개버리게 되면 꿈도 함께 형체를 알아볼 수 없을 정도로 처참하게 뭉개져버릴 것이다.

꿈을 이루기 위한 길고도 버거운 여정에서 지치고 고단한 심신을 위로해줄 것은 바로 온화한 미소이다. 그대의 미소는 타인에게도 위로가 되겠지만 특히 그대스스로에게 더 큰 힘이 되어줄 것이다. 가슴에 언제나 사랑의 마음을 간직하고 그대의 부드러운 미소를 모든 사람에게 보내라.

그대가 꿈을 이루기 위해서 온화한 미소를 지녀야 하는 까닭은 그대의 마음이 온전한 자유와 평화를 얻을 수 있어야 어떤 목표를 지향하며 제대로 걸어갈 수 있는 힘이 생기기 때문이다. 모든 고민거리로부터 떨쳐 나와 더 이상 그것들에게 얽매이지 않고 가슴을 활짝 펴고 미래의 꿈을 향해 전진할 수 있는 사람에게는 언제나 온화한 미소가 떠나지 않을 것이다.

꿈을 이루기 위해서 일곱 번째로 지녀야 할 보물은 '불굴의 의지'다.

시간은 화살보다 더 빠르게 우리들의 삶의 중심을 관통해 지나가고 꿈을 완성하기 위해 나아가는 인생은 모든 순간순간이 가슴 두근거리는 모험의 연속이다.

자기의 가슴에 자신이 간절히 원하는 꿈을 새기지 못한 자는 인생에 대해 진정성을 논하지 말라. 꿈은 인간의 삶에 절대 중요한 가치이기 때문이다.

자, 꿈의 소중한 가치를 가슴에 간직하게 된 그대, 꿈을 이루기 위해 지녀야 할 보물인 불굴의 의지에 대해 생각해 보자.

산을 사랑하고 자신이 목표로 하는 산의 정상을 정복하기를 꿈속에서라도 바라는 산악인들은 손끝만 닿아도 그 자리에서 온 몸의 세포를 꽁꽁 얼려버릴 것 같은 혹독한 강추위와 위태로운 눈 절벽으로 사방이 둘러싸인 세계 최고의 고도를 자랑하는 산 히말라야를 오르기 위해 죽음조차 불사한다. 그들 중에는 실제 등반 도중 갑작스런 기상악화 등으로 인해 안타깝게 생을 마감한 사람들도 있다. 그렇지만 누가 감히 그들의 삶이 허무하다고 말할 수 있겠는가. 그들은 꿈을 이루기 위한 행복한 여정에서 자신의 꿈이 깃든 히말라야의 품 안에서 숨을 거두었기에 결코 그들의 죽음은 허무한 것이 아닌 것이다. 꿈을 위해서 가는 길이라면 죽음도 두렵지 않다는 신념을 지닐 수 있는 것은, 꿈은 인간에게 절실한 삶이고 운명 그 차체이기 때문이다.

뭔가를 이루겠다는 꿈을 지녔다면 그에 필적할만한 뜨거운 의지를 지녀야 한다. 숨이 턱에 차고 내장이 쏟아져 나올 것 같은 극한의 고통에도 굴하지 않고 히말라야를 등정하는 그들에게는 불굴의 의지가 있었다. 그들의 가슴속엔 어떤 불행한 일들을 감내하고서라도 자신이 목표로 하는 산봉우리를 기어코 정복하겠노라는 의지가 뜨거운 화인처럼 가슴에 선명하게 찍혀 있었던 것이다. 그렇지 않고서 조금 노력하면 되겠지 라는 안일한 생각을 가지고서 대충 하는 척 시늉만 하다가 운 좋게 꿈을 이룰 수 있다고 생각한다면 참 딱하고 헛된 바람이 될 것이다. 불굴의 의지는 꿈을 이루고 싶어 하는 강렬한 소망에서 비롯되기 때문이다.

그대! 그대의 꿈을 위해 불굴의 의지를 지닐 마음을 가지게 되었는가.

그렇다면 이제 그 꿈을 이루기 위해 그대는 어떠한 고난과 시련 앞에서도 나약해지거나 굴복하지 않으리라고 다짐하여야 한다. 군센 믿음으로 자신의 꿈이 이루어질 것을 스스로에게 쉴 새 없이 세뇌시키기 바란다. 그대가 비장한 각오로 된다 하면 될 것이고 안 될지 몰라 하면 정말 안 될 것이다.

꿈을 이루기 위해서는 모든 의심과 음해의 장벽을 넘어설 불굴의 의지라는 보물을 지녀야 한다. 불굴의 의지를 그대가 지니게 된다면 그 누구도 그 무엇도 그대의 꿈을 막아설 수 없다. 왜냐하면 그대의 가슴은 꿈을 이루고자 하는 욕망으로 너무나 뜨겁게 불타오르고 있어서 세상의 하찮은 방해 따위는 거뜬히 녹여버릴 것이기 때문이다.

꿈을 이루고자 하는 사람이 지녀야 할 여덟 번째 보물은

'평상심'이다.

평상심은 편협하고 일방적인 사고방식에 맥없이 휩쓸리지 않는 지혜이다. 그러기에 이성을 잃을 정도로 지나치게 기뻐하거나 삶을 터무니없이 비관할 만큼 극도로 슬퍼하지 않게 해주며 일상의 모든 사건 사고들에게 쉽게 농락당하지 않도록 안전하게 지켜준다.

자신의 인생이 안정되고 현명하게 살고자 하는 사람이라면 스스로의 마음을 고요한 평화의 지대에 오래오래 묶어둘 수 있는 마음의 중심축인 평상심을 늘 가슴에 지니고 살아야 할 것이다. 평상심을 유지함으로써 얻을 수 있는 이득은 너무나 많아서 일일이 열거할 수 없지만 그 중 하나를 꼽으라면 마음의 안정을 찾을 수 있다는 것이다. 아무리 성질이 급하고 성격이 다혈질인 사람이라고 해도 평상심을 유지하면 차분하고 자상하며 영혼이 향기로운 사람으로 인식되어 다른 사람들로부터 신뢰를 얻을 수 있다. 왜냐하면 평상심은 중도의 미덕을 수용한 품격 있는 삶의 자세이기 때문이다.

지금 당장 적국의 병사들이 총칼을 들고 쳐들어와서 그대를 윽박지르며 어디론가 끌고 간다고 하더라도 평상심을 유지하여 자신을 잃어버리지 않는다면 두려움에 떨며 폭력에 비굴해지지 않을 것이며 상황을 냉정한 시선으로 바라볼 수 있는 것이다.

그대가 갑작스런 재난으로 빈털터리 알거지가 될지라도 그대의 마음에 쉽게 동요하지 않는 안정된 평상심만 유지될 수 있다면 그대는 다시 살아갈 수 있는 용기를 찾을 것이다. 전 재산을 잃는 것보다 평상심을 잃는 일이 더 슬프고 안쓰러운 일이다. 재물을 잃었을 때보다 평상심이란 보물을 그대가 잃어버렸다면 그것이야말로 정말 심각한 위기 상황이 되는 것이다.

평상심은 자신의 꿈을 진심으로 갈구하는 사람에게 찾아온다. 그러므로 평소 긍정적인 사색으로 자신의 번잡한 마음을 차분하게 다스려야 한다. 어느 것에도 가볍게 휘둘리지 않고 늘 적절한 감정의 선을 벗어나지 않도록 자신을 경계하라.

평상심을 유지하는 데 있어서 가장 큰 방해요소는 정체성을 잃어버린 자아이다. 자신이 본래 지니고 있던 품위 있고 사려 깊으며 매사에 신중했던 성품을 기억상실증에 걸린 사람처럼 까맣게 잊어버리고 한순간의 분노와 격한 감정들을 주체하지 못하고 천박한 인격의 소유자로 전락해버리는 것은 모두 정체성을 잃어버린 자아에 기인한다.

그대가 본래 지녔던 순수하고 온건하며 자애로웠던 심성을 되새겨 보라. 모든 인간을 평등하게 사랑하며 불쌍히 여기고 그들에게 도움을 주는 사람이 되고 싶어 하고 살아 있는 생명체들에게 한없이 고마워하는 그대 본래의 모습을 또한 기억하라. 우리 모두는 원래 그런 사람들이었다. 그대 또한 그것이 그대의 본래 정체성임을 잊지 말도록 하라.

이러한 인간 본연의 정체성은 결코 소멸하지 않는 존재의 불변성이 있다. 다만 각자가 얼마나 자신의 본모습을 삶속에 고스란히 투영시키며 살아가는가에 따라 그가 평판이 좋은 사람인지 나쁜 사람인지가 결정되는 것이다. 평상심을 지닌다는 것은 성품이라는 바탕 위에 평화로움이라는 밑그림을 그리는 일이다.

그대여! 그대 인생에 평화와 사랑과 이해의 터전을 넓게 펼쳐주어서 그 위에 그대의 무한한 가능성을 색칠할 수 있는 기본 틀을 견고하게 마련하라.

지금까지 그대와 나는 꿈을 이루고자 하는 사람이 지녀야 할 보물들에 대해 알아보았다. 그대가 지닌 최대의 장점이며 이 세상에 올 때부터 지니고 있는 소중한 재산, 밤하늘의 별처럼 순수한 영혼을 지키고 싶지 않은가. 그렇다면 절망이 손을 내밀며 미소 짓거든 뿌리치고 돌아서라. 미련을 두고 절망의 손에 키스를 하게 된다면 찬란하게 피어나야 할 그대의 미래는 캄캄한 미로 속에 갇히고 말 것이다.

그대여! 이제 절망이란 말은 그대의 사전에서 영원히 지워버려라. 그대의 마음으로부터 절망과 좌절이란 것에 대해 완벽하게 무시하라.

꿈을 이루기 위해서는 모든 것을 아름답게 볼 수 있는 순수한 영혼이 필요하다. 그 영혼은 인간의 본래 모습이며 우주의 기운을 받아 이 세상에 태어난 순간 우리 모두에게 조건 없이 주어진 것이다. 자신의 인생을 책임지려면 자신의 영혼을 지켜내는 책임감이 반드시 필요하다.

그대는 자신의 영혼에게 지대한 영향력을 발휘할 수 있는 최상위의 책임자이다. 자신이 소유한 순결한 정신을 변절시키지 않고 지켜내려면 먼저 자신의 가치를 믿어야 할 것이다. 자신이 얼마나 이 세상에 필요한 사람인지를 깨닫고 자신의 존재가치를 다른 어느 것보다 우위에 둘 수 있다면 그대에게 어떤 고난이 다가와도 인생을 포기하고 굴복하는 일은 없을 것이다.

제 6장

꿈의 속성

어린 시절 나는 어머니와 함께 달빛도 보이지 않는 캄캄한 시골길을 걸어 아랫동네에 살고 계시는 할머니 댁엘 자주 갔다. 할머니 댁에는 그 당시에는 귀한 텔레비전이 동네에서 유일하게 있던 곳이어서 어머니는 어린 딸의 성화에 못 이겨서 밤길에 넘어질까 걱정하시며 내 손을 꼭 잡고 논길을 지나 할머니 댁으로 갔던 것이다.

어린 딸이 밤길에 넘어지지 않도록 인자하게 이끌어주시던 어머니의 심정으로 그대의 인생을 성공으로 이끌어주기 위해 세상에 찾아온 하늘의 축복이 있으니 그것이 바로 꿈이다. 꿈은 인간의 삶을 윤기 나게 만들어주고 살아갈 이유를 만들어주며 의미 있는 인생을 만들고픈 활화산 같은 의욕을 불러 일으켜 준다. 우리가 꿈을 향하여 부단한 노력을 기울이는 것은 꿈을 이루는 것이 자신의 인생에 있어서 가장 중요한 자산이 될 것임을 깨달았기 때문일 것이다.

그대가 스스로 부끄럽지 않은 정당한 꿈을 정하고 그 꿈을 이루기 위한 노력을 시작하면 그대의 인생은 극적으로 변화하기 시작할 것이다. 꿈은 인간의 삶을 성공으로 이끌어주기 위한 특별한 사명을 띠고 있기 때문이다.

꿈을 지니고 살아가는 사람과 꿈도 없이 덧없이 살아가는 사람의 삶은 하늘과 땅의 차이만큼이나 다른 모습을 보인다. 꿈은 세상의 수많은 그럴 듯한 유혹들로부터 우리를 지켜주고 절망과 실패로 괴로워하는 마음을 위로해주며 더 나은 지성을 지닌 아름다운 인격체로 성장하도록 바르게 이끌어주는 고마운 길잡이인 것이다.

꿈을 포기하는 순간
불행은 기뻐하며 웃는다

 잘 생긴 외모의 좋은 인상을 지닌 사람이 최고의 판매고를 올리는 뛰어난 세일즈맨이 되고 싶은 꿈을 지니고 있었다. 대학을 졸업하고 빈둥빈둥 놀고 있는 친구들이 많았지만 그는 아무리 좋은 직업이라고 칭송하며 권유하는 그 어느 직업보다 무엇인가를 자신의 능력껏 판매를 하는 세일즈맨이 되고 싶었다. 그래서 그는 자동차 판매 영업직에 도전하기로 했다.

 그는 입사한 후 신발 바닥이 닳도록 여러 곳을 방문하며 열심히 상품을 팔기 위해 노력했다. 그러나 세상은 그의 생각과는 달리 무자비할 정도로 냉정한 세계였다. 그에게 문조차 열어주지 않았고 그를 웃음기 없는 표정으로 껄끄럽게 바라보았으며 그가 성의껏 마련한 상품 안내서도 한 번 보고 휴지조각처럼 팽개쳐버리는 것이었다.

그는 큰 실망감에 사로잡혔다. 그리고 자신이 판매 일에는 소질이 없나보다는 자괴감에 점차 우울해졌다. 그러면 그럴수록 자신감은 상실되어갔으며 실적은 쌓이지 않았다. 그리고 주위의 동료들은 손쉽게 판매를 하는 것처럼 느껴졌다. 그럴수록 자신과 그들이 비교되고 날이 갈수록 스스로가 초라해짐을 느꼈다. 그는 결국 3개월을 넘기지 못하고 자신이 오랫동안 꿈꾸었던 판매 일을 포기하고 말았다.

그는 자신이 판매 일을 포기하는 것은 어쩔 수 없는 일이라고 생각했다. 육체와 정신은 이미 한계에 다다른 듯 했고 세상은 그보다 더 손쉽게 돈을 버는 방법도 많이 있을 것이라고 생각했다. 그래서 그는 꿈을 버렸다. 하지만 과연 그는 자신의 꿈만 버린 것일까.

그대는 세상에 이런 사람들이 얼마나 많은지 아는가. 아마 인류의 절반 이상은 이렇듯 자신의 육체와 영혼이 간절히 원하고 있는 꿈을 아주 조금만 노력해보는 시늉을 하고서는 신세한탄을 하며 포기하고 만다. '나는 이래서 저래서 안 돼.' '나는 소질 없어.' '내 주제에 무슨 그런 일을 하겠다고.' 하면서 쓸쓸하게 꿈을 향해 달려가던 아름다웠던 질주를 멈추고 마는 것이다.

　그러나 그대 알고 있는가. 꿈을 포기하는 순간 불행이 어둠 속에서 회심의 미소를 짓고 있다는 사실을. 등골을 오싹하게 만드는 공포 추리영화 속에서 살인자가 살인대상을 물색한 후 조용히 그 집 내부에 잠입하여 검은 어둠을 장막처럼 두르고 불행에 빠뜨릴 기회를 엿보고 있다는 것을 말이다.

　불행은 번뜩이는 눈초리로 항상 인간의 빈틈을 노리고 있다. 불행의 미소는 소름 돋치고 불길하다. 불행이 그대를 향해 미소 짓는 순간 그대의 인생은 암담한 미래 속으로 빨려들어 가게 될 것이다. 불행은 그대가 조금만 더 지치기를 바라고 조금만 더 좌절하기를 바란다. 어서 빨리 꿈을 포기하고 자신이 펼쳐놓은 타락과 파멸의 땅으로 들어서길 간절히 바라고 있는 중이다. 불행의 입술은 하염없이 달콤하다. 그것과 입맞춤 하는 것은 꿈을 찾아 고난의 가시밭길을 헤치고 나가는 일보다 더 편안하며 안락하다. 그렇지만 그 달콤한 입맞춤은 오래 가질 못하며 결국에는 짙은 후회의 그림자만 남겨지게 될 것이다. 왜냐하면 불행에게는 진정성이 없기 때문이다. 불행이 인간에게 주는 것은 거짓된 안식, 그 자체이다. 겉으로 보기에는 최고의 것이지만 속은 최악의 것으로 채워진 것이 바로 불행이 주관하는 일들이다. 불행이 가장 공을 들여 기획하고 이행하는 일이 있으니 그것은 바로 인간에게서 행복의 열쇠를 찾아줄 꿈을 영영 빼앗아가는 일이다. 불행은 그 일이 가장 신나는 일이다.

자신이 원하던 판매 일을 포기한 사람은 자신의 꿈만 버리는 것처럼 보일지 모르지만 사실은 자신의 삶을 안타까운 연민의 삶으로 전락시키고 말았던 것이다. 꿈을 소중히 여기는 사람이라면 꿈을 향해 노력하는 일을 중도에 포기하고 자기 합리화를 하기 위해 그럴싸한 변명거리를 찾는 일을 하지 않는다.

꿈은 소중하고 존중받을 가치가 있는 것이다. 자신에게 닥친 어려움을 누군가가 나서서 해결해 주기를 바라지 말고 스스로 용감하고 호기롭게 나서서 자신의 문제들을 해결해 나가다보면 결코 극복할 수 없을 것처럼 보이던 문제들도 얼마든지 극복가능하다는 사실을 알게 될 것이다.

그대가 지금까지 추구해온 이상, 즉 꿈을 포기하고 싶을 때는 반드시 기억하라. 가장 가까이에서 그대가 꿈을 포기하는 순간을 목이 빠져라 기다리고 있는 불행이란 녀석이 있다는 사실을.

그대는 불행에게 큰 기쁨을 주고 싶은가. 아니면 그대의 단 하나뿐인 순결한 자아에게 영원한 기쁨을 주고 싶은가.

그것에 대한 선택은 그대의 자유지만 그대가 어떤 길을 선택하느냐에 따라 결과는 엄청나게 다를 것이라는 사실을 기억하라. 꿈은 관심을 가지고 사랑을 주면 줄수록 더 많은 열매를 안겨주는 정직한 나무와 같다. 그렇다면 어떻게 해야 중도에 꿈을 포기하지 않고 끝까지 변함없는 정열의 불꽃을 유지하며 그대의 삶이라는 배가 안전하게 목적지까지 항해할 수 있을까.

모든 배는 추진력을 얻어야만 앞으로 나갈 수 있다. 동력원이 고갈되어 엔진이 꺼지면 그 자리에 멈춰 서서 바람이 불면 부는 대로 파도가 굽이치면 굽이치는 대로 이리저리 지조 없이 흔들리다가 결국 깊은 심해 속으로 처참하게 가라앉고 말 것이다.

인생의 바다를 항해하기 위해 이 세상에 발을 디딘 인간에게 신은 오직 한 척의 배를 주었다. 아무리 부유층 집안의 사람이라도 두 척의 배를 받지 못했으며 아무리 찢어질 만큼 가난하고 비루한 사람이라도 집안이 보잘 것 없다는 이유로 배를 받지 못하지는 않았다. 누구에게나 처음 그 배는 아무 것도 없는 텅 빈 상태의 배였다. 갓 세상에 태어날 때 그 어떤 사람도 단 돈 천 원 한 장 가져온 사람이 없었고 초등학교 때를 대비해 미리 구구단을 완벽하게 외워둔 사람은 없다. 그러나 자상하고 온정 있는 우주의 기운은 인간의 생명이 움틀 때 하나의 선물을 잊지 않고 챙겨 주었다. 그것은 누구에게나 공평하게 나누어준 재능이라는 선물이었다. 이 선물을 받지 않고 태어난 사람은 인류역사상 단 한 명도 없다. 스스로 자신의 재능을 발견하여 노력함으로 이루어낸 것이 바로 꿈의 실현이라는 빛나는 역사다.

신에게로부터 부여받은 벌거숭이 빈 배는 갓난아이가 조금씩 성장해감에 따라 천천히 여러 가지 것들로 채워져 간다. 부모님의 사랑과 친구들의 우정과 종교의 믿음과 사상가들의 지혜와 자연의 아름다움 등으로 빈 배는 날이 갈수록 더 알차게 채워져 가는 것이다. 그러나 꿈을 싣지 않으면 그 배는 목적지도 없고 주인도 없이 떠도는 캄캄한 밤바다의 으스스한 유령선이 되고 말 것이다.

꿈을 포기하지 않을 수 있는 최선의 방법은 꿈을 신뢰하는 일이다. 꿈을 의심하거나 불안해하거나 망설일 필요가 없다. 꿈을 이루기 위한 길은 험난한 산 속을 홀로 걸어가는 것과 같이 외롭고 고독한 일이다. 그러나 굳은 의지를 지니고 반드시 이룰 수 있을 것이라는 신념을 지닌다면 결코 길을 잃지 않고 목적지에 다다를 수 있을 것이다. 그대의 꿈을 이루기 위해 가는 길에서 주변의 도움은 긴 안목으로 보면 아주 미미한 것이다. 오직 그대만이 자신의 꿈을 완벽하게 이루어낼 수 있는 것이다.

오늘도 어떤 장해물이 그대가 꿈을 지향해 가는 길에 불쑥 나타나서 그대의 길을 막아설지 모른다. 하지만 그것을 극복할 수 있는 힘은 오직 그대 안에 있음을 기억하라. 그것은 바로 나는 이 일을 해낼 수 있다는 강력한 신념이다.

강력한 신념으로 꿈을 이루어라

이 세상에서 인간이 이룰 수 없는 것이 있다면 그것은 생명의 탄생과 죽음을 전지전능하게 주관하는 일일 것이다. 그외의 모든 것들은 언제나 정복할 수 있는 가능성이 열려 있다. 이 사실을 증명하고 싶다면 지나간 역사적 사실들을 곰곰이 살펴보면 될 것이다. 불과 몇 십 년 전에는 도저히 불가능해 보이는 일들도 어느새 실현가능한 일이 되어버리는 것을 우리는 종종 볼 수 있다. 수백 년 전의 인류에게 컴퓨터로 전 세계인들이 서로 대화하며 정보를 공유하는 우주처럼 광대한 공간, 인터넷 세상이 도래하게 될 것이라는 것은 결코 상상조차 하기 어려웠던 일일 것이다. 인간은 이제 생명의 탄생과정에도 관여하고 싶은 욕망을 숨기지 않는다. 이러한 끝없는 인간의 욕망은 종교적 입장에서 보면 금기시해야만 할 인간복제에까지 도전하고 있다.

불행을 미연에 방지하고 꿈을 이루어 행복한 인생을 펼쳐나갈 수 있는 힘이 되는 것은 강력한 신념의 힘이다. 그 어느 것도 인간이 지닌 정점의 에너지, 불타는 신념의 힘을 막아설 수 없다.

그대가 그러한 신념의 힘을 자신의 것으로 오롯이 만들 수만 있다면 현재 골치를 썩이고 있는 각종 문제와 고민거리들로부터 깨끗하게 벗어날 수 있음을 약속한다. 왜냐하면 꿈을 이루고야말겠다는 강력한 신념은 모든 잡다한 걱정거리와 힘겨운 일상의 파편들을 일일이 제거해주고 방어해주는 개념 있는 보디가드와 같은 역할을 해주기 때문이다. 그러므로 꿈을 향한 명확한 목표의식과 강력한 신념을 지닌 사람에게는 매일매일이 새롭고 활기찬 나날이 될 수밖에 없는 것이다.

'오늘은 어떤 흥미로운 것을 신나게 배워볼까.' '나의 꿈을 위해 도움이 되는 일은 무엇이 있을까.' '오늘도 좋은 사람들과 뜻 깊은 하루를 보내야겠어.'

이렇듯 즐거운 예감으로 솟아오르는 아침 해를 반갑게 맞이하는 사람의 가슴에는 성공의 태양이 시나브로 떠오르고 있는 것이다.

반면 '오늘은 어떤 문젯거리들이 생겨날까.' '재수 없는 그 사람과 또 마주쳐야 하다니' '더 많은 돈과 더 짜릿한 쾌락을 얻기 위해 어떤 일을 해야 하나.'

이렇듯 상한 과일처럼 퇴색한 생각들을 품고 아침 해를 맞이하는 사람의 가슴에서는 덕지덕지 곰팡이가 핀 욕망의 애벌레들이 떼를 지어 꿈틀거릴 뿐이다.

꿈을 갈망하는 강력한 신념은 인생을 지켜주는 정직하고 든든한 파수꾼과 같다. 만일 그것이 어리석은 지성과 방향을 잃은 도덕성에 의해 파괴되어 버린다면 인생 전체가 어이 없이 와르르 무너져 내리고 말 것이다.

꿈과 신념은 오랜 시간 함께 추억을 쌓은 허물없는 단짝 친구처럼 서로에게 반드시 필요한 존재이다. 꿈만 있고 신념이 없다면 그 꿈은 단지 신기루와 같은 환상에 불과할 것이고 신념만 있고 꿈이 없다면 그 신념은 오히려 인생의 수레바퀴를 진흙구덩이에 빠트릴 위험이 있는 것이다. 그러므로 꿈과 신념은 서로 애틋하게 공존하며 향기로운 조화를 이루어 보완하는 관계일 때 비로소 그 가치가 돋보이는 것이다.

그대에게 만약 지금 꿈만 있다면 이제 신념을, 신념만 있다면 이제 꿈을 따뜻이 그대 가슴 안에 받아들여야 한다. 그대가 꿈과 신념을 모두 소유하고 인생의 바다를 항해해 갈수만 있다면 더 이상 정체성에 대한 의식의 혼란으로 망망대해를 표류하는 불행한 일은 없을 것이다. 자신이 무엇을 간절히 소망하는지 잘 알고 또한 소망하는 것이 반드시 이루어질 것이라는 확신을 지닌 사람에게 불가능한 일은 없을 것이기 때문이다.

강력한 신념으로 현실의 언덕 위에 올라서서 나의 꿈은 반드시 이루어질 수 있다고 큰소리로 외쳐라. 매일 밤마다 잠들기 전에 주문을 외우듯 그대의 꿈이 이루어지는 멋진 장면을 상상하라. 성공한 그대의 빛나는 미래의 모습을 그려 보아라. 그리고 원하는 일은 무엇이든 할 수 있다는 사실을 믿고 또 믿어라. 자기 자신을 진심으로 믿어주는 것은 백 만 명의 대중이 열렬히 환호하며 그대를 믿어주는 것보다 더 큰 위안을 줄 것이다. 난관에 부딪힐 때마다 내가 과연 잘 할 수 있을까 의구심이 들 때마다 다시 힘을 주고 불끈 힘이 솟아오르게 하는 용기와 미래에 대한 달콤한 희망을 줄 수 있는 것, 그것이 바로 신념이다.

그대의 꿈은 조만간 이루어질 것이다. 그대는 그래야만 하는 필연적 운명을 지니고 태어났기 때문이다. 모든 인간은 꿈을 이룰 수 있는 백퍼센트의 가능성을 이미 가지고 태어났으나 꿈을 이루고자 하는 강력한 신념을 끝까지 지켜내지 못해 안타깝게 좌절하고 만다.

오늘도 이러저러한 힘겨운 일들이 그대를 매우 지치게 만들었을 것이다. 어쩌면 좋은 일보다는 울고 싶게 만드는 일, 의욕을 꺾어버리는 일들이 더 많이 생겼을지도 모른다. 그렇다고 해서 여기에서 주저앉아 버린다면 지금까지 그대가 살아온 삶의 보람은 하얀 물거품이 되어 덧없이 사라져 버릴 것이다. 그대가 여기에서 꿈을 포기해버린다면 과거의 성과는 물론이거니와 미래의 눈부신 성공의 시간도 날아가 버리고 삶의 진실한 알맹이가 빠져나간 빈껍데기가 되어버릴 것이다. 왜냐하면 꿈을 버리는 일은 단 한번 뿐인 소중한 인생의 시간들을 하수구에 고의적으로 쏟아버리는 일이기 때문이다.

그대여! 꿈을 버릴 것인가, 지킬 것인가. 꿈을 이루어 행복한 인생을 살 것인가, 실패하고 처량한 최후를 맞이할 것인가.

그대는 반드시 꿈을 이루고야 말겠다는 강력한 신념을 선택해야만 한다. 지금 이 순간 강력한 신념은 그대만을 위한 마법을 일으킬 준비를 하고 있다. 그것은 그대의 꿈을 아득한 미지의 꿈이 아닌 행복한 이 땅의 현실로 이루어줄 가장 훌륭하고 경이로운 마술이 될 것이다.

인생을 찬란하게 완성시키는 꿈의 실체

총알이 소낙비처럼 쏟아지고 생사의 고비를 수시로 넘나드는 전쟁터에서 자신의 생명을 보호하고 가족과 국민들의 안전을 지켜내기 위해서는 적의 위치와 전술 등에 대해 꼼꼼히 잘 알아야 하듯이 꿈을 이루려면 꿈의 내면과 실체에 대해 잘 이해해야 한다.

꿈이란 정녕 무엇일까. 왜 인간은 꿈을 이루기 위해 모든 것을 걸고 쉼 없이 노력하는 것일까. 그것을 이루지 못하도록 방해를 받으면 왜 그토록 서글퍼지고 눈물겨워지는 것일까.

어떤 이는 필생의 꿈을 위해 하나뿐인 자신의 목숨까지 불사른다. 이처럼 죽어서라도 이루고 싶은 것이 꿈의 숭고한 가치이다.

꿈은 인생을 찬란하게 완성시키는 숨겨진 자원이며 궁극

적으로 완성될 인생의 가장 핵심적인 근간이 되는 본질이기도 하다. 누군가가 이러한 꿈의 실체에 대해 알고자 한다는 것은 꿈에 대해 적잖은 관심을 가지기 시작했다는 증거이며 그것은 곧 자신이 지향하는 삶의 이상향에 대해 직접 대면할 수 있을 만큼의 근거리에 접근하게 되었다는 것을 간접적으로 의미한다.

인생이 유한하고 두 번 다시 반복될 수 없는 일회성을 지닌 단 한 번의 기회라는 것을 스스로 깨닫게 될 때쯤 우리는 무엇을 지향하며 살아가고 있는지를 차분하게 생각해보지 않을 수 없다.

하루하루를 쌓음으로써 한 사람의 일생이 되듯이 한 방울 한 방울의 굵은 땀방울이 퇴적해 그 사람의 지울 수 없는 평생의 업적이 된다. 지금 오늘의 시간을 어떻게 보내느냐에 따라 내일 자신이 어떤 모습으로 살아가느냐가 결정되어진다는 사실을 명심하라.

그럼, 꿈의 실체에 대해 알아보도록 하자.

사람에게도 그 사람만의 독특한 개성과 특징이 있듯이 꿈도 그만의 고유한 특징이 있다. 이 특징들은 인류가 생존하는 마지막 순간까지 함께 할 의리 있는 친구들의 돈독한 우정과도 같다.

그대가 기억해야할 꿈의 첫 번째 특징은 '자신을 원하는 사람에게는 기꺼이 다가가는 성질'이다. 꿈은 자신을 필요로 하는 사람에게 다가간다.

인간의 입술은 불행과 행복을 번갈아 초대할 수 있는 대단한 능력을 지닌 특별한 신체기관이다. 왜냐하면 말과 행동이 올바르지 못하면 검은 휘장을 온 몸에 두른 불행이 사악한 악령처럼 뚜벅뚜벅 찾아올 것이고, 말과 행동이 배려 있으며 사려 깊으면 아침햇살처럼 화사한 행복이 방긋 웃으며 어여쁜 천사처럼 찾아올 것이다.

꿈이 찾아왔다면 얼른 대문을 활짝 열어 맞이해야 한다. 그러나 우리는 손님이 방문했다는 사실을 까맣게 모르고 다른 일들에 넋을 빼앗겨버리곤 한다. 그래서 먼 길을 찾아왔던 반가운 손님은 굳게 닫힌 대문을 망연히 바라보다가 왔던 길을 쓸쓸히 홀로 되돌아가는 것이다.

꿈이라는 손님은 당장 문을 열어주지 않으면 마음에 상처를 입고 금세 뒤돌아서서 떠나간다. 그리고 그 자리에는 꿈의 꽁무니를 몰래 밟아 따라온 현실에의 안주라는 신통치 않은 녀석이 히죽 웃으며 멀뚱하게 서 있다.

그대여! 꿈은 자신을 원하는 사람에게 다정하게 다가가는 특징을 지니고 있으며 자신을 무시하고 외면하는 사람에게는 어떤 일이 있어도 그리 오래 머무르지 않는다는 사실을 기억하라.

만일 그대가 교수가 되고 싶다는 마음을 지니고 있다면 교수의 꿈을 원하고 호명하라. 교수가 되고 싶은 그대의 꿈은 그대가 원한다면 언제든지 다가올 것이다. 그대가 만일 화가가 되고 싶다는 마음을 지니고 있다면 화가의 꿈을 원하고 호명하라. 화가의 꿈을 원하면 운치 있는 화가의 꿈이 그대를 찾아와 세상을 아름답게 화폭에 담아내는 화가가 되는 길로 인도해줄 것이다. 그대가 만일 요리사가 되고 싶다는 마음을 오래전부터 품고 있었다면 이제 마음으로만 그 소망을 간직하고 있지 말고 요리사의 꿈을 호명하라. 그대가 그 꿈을 부르면 요리사의 꿈은 오늘 당장이라도 그대에게 달려와 최상의 요리로 수많은 사람들의 입맛을 사로잡는 일류요리사가 되도록 이끌어줄 것이다.

그대가 무엇이 되고 싶든 원하는 꿈의 이름을 따스한 사랑의 마음을 담아 부르기만 하면 그 꿈은 만면에 미소를 띠고서 그대 곁에 다가올 것이다.

그대여! 꿈을 붙잡아라, 초록 숲에 우윳빛 아침안개가 낮게 깔리듯이 무지갯빛 꿈이 그대의 무채색 인생에 슬며시 안겨올 때 가장 아름다운 연인을 품에 안은 듯 소중하게 보듬어 안아라. 그리고 결단코 놓치지 말라.

꿈은 아름다운 생명의 시간을 번영하게 하는 고마운 하늘의 선물이지만 그대 곁에 오래도록 머물게 하는 것은 그대가 얼마나 그 꿈을 사랑하고 원하느냐에 달려 있다. 그대가 부른 꿈은 그대의 영혼이 갈급하게 부른 것이고 그대의 인생이 절실하게 부른 것이다.

꿈의 두 번째 특징은 '독립심을 고취시켜주는 역할'을 하는 것이다.

어른이 되어서도 부모의 품을 벗어나지 못하고 자신의 힘으로는 무엇 하나 제대로 하지 못하고 뭐든지 일일이 다른 사람에게 의지해서 살아가는 어린아이 같은 사람들이 있다. 어디를 가는 것도 부모 허락을 받아야 하고 누구와 만나야 하는 것도 부모의 지도를 받아야 하며 어떤 직업을 가질 것인지도 타인의 판단에 기준을 정하는 사람들.

그런 사람들에게 결여된 것은 세상을 홀로 헤쳐 나가고자 하는 용기와 독립심인 것이다.

독립심은 정상적인 사회의 일원으로서 살아가기 위해 반드시 갖추어야할 성품이다. 독립적이지 못한 사람은 평생을 누군가에게 조종당하고 예속된 삶을 살아간다. 그런 사람은 자발적 호흡을 못하는 침대 위의 식물인간처럼 항상 무언가에 기대어 생각하고 행동하는 공허한 삶을 살아갈 수밖에 없다. 참으로 안타깝고 슬픈 일이 아닌가. 인간은 자의식에 의해 자발적으로 생각하고 행동함으로써 자신이 세상을 살아가고 있음의 참 맛을 느낄 수 있는데 그 참 맛을 모르고 살아간다면 얼마나 애처로운 삶이겠는가.

유치원에 다니는 꼬마 아이도 자신의 일을 스스로 선택하고자 하는 욕구가 있으며 만일 누군가의 억압적인 지시에 따라 하고 싶지 않은 일을 강제적으로 할 때는 분하고 억울한 마음을 느낄 것이다. 그것은 자기 주관적인 독립성이 이미 그 아이의 내면에서 발현되고 있기 때문이다. 꿈은 이러한 독립성을 보다 더 자율적이고 굳건하게 마음속에 심어주게 된다.

자신의 꿈을 향해 올곧게 걸어가는 사람에게는 누군가의 그럴 듯한 감언이설이나 신체를 위협하는 공갈협박 등도 그에게 아무런 영향을 끼치지 못한다. 그는 이미 자신의 내부에서 우러나오는 자아의 확고하고 진실한 소리를 새겨듣고 있기 때문이다. 어떤 그럴 듯한 것들에게도 줏대 없이 휘둘리지 않는 것, 아무리 편하고 손쉬운 방법이 있어도 비굴한 방법으로 적당히 타협하지 않고 정직하고 떳떳한 방법으로 세상을 살아가는 것, 주위의 모든 사람들이 비웃어도 자신이 이루고자 하는 목표를 향해 동요 없이 노력하는 것 등 이러한 모습이 바로 꿈을 지닌 사람에게 부여되는 최고의 포상인 독립심의 본모습인 것이다.

독립심이 있는 사람과 그렇지 못한 사람의 차이는 뇌가 있는 사람과 없는 사람의 차이만큼이나 크다. 뇌가 없는 사람이란 겉은 지극히 멀쩡하지만 스스로의 의지에 의해 독립적인 사고를 하지 못하는 텅 빈 영혼의 사람이다. 그에게는 스스로 자신의 힘으로 무엇을 결정하거나 사색하는 일은 도저히 생각할 수가 없는 불가사의한 일이다. 왜냐하면 뇌가 없기 때문이다. 그러나 그 역시 본래부터 뇌가 없었던 건 아니었다. 처음에는 다른 사람들처럼 그에게도 무한한 지혜의 보고인 현명한 뇌가 제 위치에 멀쩡히 자리 잡고 있었다. 그러나 그의 빈약한 의지와 부모의 과잉보호와 타성에 젖은 편안함에 길들여진 무기력한 생활습관으로 인해 점점 뇌가 사라지게 되었던 것이다.

그대여! 그런 사람들에게 처방전 한 장 없이 치료비도 받지 않고 타사의 보험 가입여부도 따지지 않고 잃어버린 뇌를 무료로 다시 되찾게 해주는 것이 바로 꿈이다. 꿈은 독립적인 인간으로 회귀할 수 있도록 자선을 베푸는 일을 자신의 타고난 본분으로 알고 있는 존재이다. 그대가 타인에게 의지하지 않고 어떤 상황에서도 스스로의 힘으로 모든 어려움들을 이겨나가는 사람이 되기를 원한다면 꿈을 그대의 삶 속에 끌어 들이길 바란다. 그렇게 그 꿈과 그대가 혼연일체의 경지에 다다를 수 있다면 그대는 누구보다 독립적인 사람이 되어 자신이 진실로 바라는 삶을 살아갈 수 있을 것이다.

인간의 인생을 가장 찬란하게 밝혀줄 세 번째 꿈의 특징은 인간에게 '가늠할 수 없는 기쁨'을 안겨주는 것이다.

가늠할 수 없다는 것은 무슨 의미인가. 그 깊이와 넓이를 감히 측량할 수 없을 만큼 방대하다는 것이다. 너무너무 넓고 깊은 정도의 크기와 깊이를 우리는 가늠할 수 없다고 표현한다. 그렇다면 꿈이 도대체 왜 인간에게 가늠할 수 없는 기쁨을 주는 특징을 지녔을까.

그것을 알기 위해서는 먼저 기쁨이 무엇인지를 이해해야만 한다. 그러나 기쁨이 무엇인지에 대해 생각해본 사람은 의외로 별로 없을 것이다. 왜냐하면 기쁨은 일부러 느끼려고 작정하고 느끼는 인위적인 감정이 아니기 때문이다. 기쁨은 자연스럽게 우러나오는 감정의 일부분이고 깊은 숲 속에서 조용히 솟아나는 시원한 옹달샘의 물처럼 인생의 길에서 온갖 세균과 먼지를 들이마시며 고군분투하고 있는 인간들에게 숨통을 틔워주는 산소와 같은 것이다. 그렇게 신선하고 맑고 깨끗한 느낌이 기쁨이며 삶의 행복이라고 할 수 있는 것이다. 그러나 기쁨에도 위장된 것이 많다. 얼핏 기쁨인 것 같지만 사실은 기쁨이 아니고 기쁨을 가장한 지독한 이기심일 수도 있으며 그 때는 기쁨인 줄 알았었지만 나중에 알고 보니 기쁨으로 가장한 슬픔이었던 적도 있는 것이다. 그러므로 어느 것이 맑고 신선하며 인간의 감정을 아름답게 정화시켜주는 진정한 기쁨인지를 알기 위해서는 인생을 사는 지혜, 즉 사물을 올바르게 판단할 수 있는 능력, 즉 분석의 지혜를 지녀야 할 것이다.

그대여, 기억하라. 진정한 기쁨은 그대에게 희망과 용기와 인생에 대한 밝은 비전과 삶의 긍정적인 면들에 대한 민감한 반응을 이끌어내는 것이다. 그러나 기쁨을 가장한 가식적인 기쁨은 그대에게 절망과 좌절과 인생에 대한 비관적인 상상과 삶의 부정적인 면들에 대한 민감한 반응을 격렬하게 초래하게 만드는 것이다. 이 둘의 진정성을 가려내는 지혜가 바로 분석의 지혜이다. 그렇다면 꿈은 어떤 기쁨에 속할까. 물론 진정한 기쁨의 영역에 속한다. 그것도 가장 최상의 기쁨에 속함은 물론이다. 꿈의 실현을 추구하는 일상은 잡념에 사로잡힐 여유가 없을 것이다. 이상의 날개를 활짝 펴고 인생의 푸르른 하늘을 비상하고 있는 사람에게 기쁨을 가장한 위선적 기쁨은 콩과 팥을 분별해내는 것보다 더 쉽게 가려낼 수 있는 것이 될 것이다.

꿈은 어떠한 것으로도 측량할 수 없는 삶의 만족과 기쁨을 준다. 그것을 처음 만난 순간부터 함께 질곡의 나날들을 헤치고 나가는 순간과 그리고 최후의 성전에 도달하기까지 최고의 만족과 기쁨을 주기에 부족함이 없는 자질을 지니고 있다.

지금 그대는 아무에게도 털어놓지 못할 혼자만의 고민으로 머리를 싸매고 아랫목에 홀로 누워 있는가. 그렇다면 그대에게 필요한 것은 한 줌의 효능이 좋은 약이 아니라 꿈이다.

그대는 지금 삶의 매몰찬 기운과 사회의 차가운 냉대에 지쳐 더 이상 일어나거나 다시 시작할 흥과 힘을 잃었는가. 그렇다면 그대에게 필요한 것은 한 잔의 진한 홍삼국물이나 복권 당첨이 아니라 꿈이다.

지금 이 세상에 왜 태어났을까 원망하는 마음만 가득 들고 내일 아침에 눈 뜨는 것조차 차마 두려운가. 그렇다면 그대에게 필요한 것은 보드라운 애인의 따뜻한 몸이 아니라 바로 꿈이다.

꿈만이 실의에 빠진 인간을 구원할 수 있다. 내면에 꿀단지처럼 달콤한 자신만의 꿈을 간직할 수 있다면 이 모든 고통과 두려움과 슬픔으로부터 벗어나 마음의 평안과 인생의 각별한 기쁨을 느낄 수 있게 될 것이다.

꿈처럼 좋은 친구는 없다. 아무리 수 십 년 넘게 사귄 친한 친구라도 자신의 이익과 반하거나 자신에게 조금이라도 해를 끼치게 될 것 같은 위급한 상황이 오면 조금씩 거리를 두기 마련이다. 그러나 꿈은 그렇지 않다. 그대가 매정하게 꿈을 버리지만 않는다면 꿈은 언제나 그대 곁에 머물러주는 가장 의리 있는 친구이며 변치 않는 사랑과 관심으로 평생을 함께 해줄 든든한 도반이다.

꿈의 네 번째 변치 않는 특징은 '자아의 정체성을 깨닫게 해주는 것'이다. 정체성이란 각 인간에게 부여된 향기롭고 영구적인 정신의 본질이라고 할 수 있다. 그러기에 꿈은 인간에게 스스로를 되돌아볼 수 있는 기회와 계기를 마련해준다. 내가 누구인지, 나는 어디에서 비롯되었는지, 내 삶의 원동력은 어디에서 나오는지, 나는 어떤 방식으로 삶을 살아가기를 원하고 있는지 등 자신의 삶에 대한 열의와 의욕을 생기게 하는 것이 바로 꿈이다.

인간이 자신의 정체성을 깨닫는 일은 대단히 큰 가치가 있는 것이다. 어떤 위대한 것도 처음에는 미미한 시작으로부터 비롯되었듯이 훌륭하다고 일컬어지는 인간의 범접할 수 없는 위대성도 스스로를 자각하고 인식하며 치열하게 사색하는 것에서부터 비로소 시작되었다는 사실을 그대 또한 인지하기를 바란다.

자아의 정체성을 깨닫는 것은 자신의 원초적인 본질을 깨닫는 것이며 인생의 토양을 성장을 위한 가장 이상적인 환경으로 비옥하게 조성하는 일이다. 기름지고 영양이 풍부한 흙과 새벽잠을 못 이루며 논과 밭을 오가는 정성어린 농부의 보살핌이 있어야 좋은 곡식이 탐스럽게 자라나는 것처럼 인생의 풍요로움과 성공 또한 자신의 사상을 품고 있는 토질의 상태를 정확하게 파악하고 그에 걸 맞는 꿈이라는 귀한 묘목을 심어 줌으로써 훗날 건실하게 열매를 맺을 수 있는 것이다.

지금 이 시간에도 오직 명문대학 진학을 목표로 학교와 학원과 집 사이를 시계추처럼 오가며 숨 돌릴 틈도 없이 바쁘게 생활하는 이 땅의 모든 학생들과 학부모들은 이 사실을 알아야 한다.

만일 어떤 학생이 자신의 정체성을 깨닫지 못하고 있다

면 오늘 아무리 많은 양의 지식과 수준 높은 영어 문장을 학습했다고 하더라도 그것은 밑바닥이 깨진 항아리에 들이 붓는 물과 같이 아무런 결과도 얻지 못하고 버려지는 아까운 지식일 뿐이다.

자신이 도대체 누구인지, 또 무엇을 바라고 있는지 자신의 정체성을 제대로 이해하지 못하는 사람이 최신식 시설을 화려하게 갖춘 학원에 가서 인기강사가 뱉어내는 강의를 들으면서 열심히 공부를 한다고 해도 도대체 무슨 소용이 있겠는가. 그것은 통통하게 살찐 이구아나 한 마리를 학원 의자에 묶어서 앉혀놓은 후 유명강사의 강의를 듣게 해주고 얼마나 수업성과가 있었는가를 연구하는 것처럼 어이없는 일이다.

지금 이 시간에도 어떻게 하면 퇴근시간까지 그럭저럭 버텨낼 수 있을까를 걱정하는 직장인들 또한 이 사실을 알아야 한다. 만일 아직도 자신의 정체성을 확실하게 파악하지 못했다면 오늘 아무리 상품성 있는 아이디어를 생각해냈다고 해도 혹은 남들보다 훨씬 빨리 승진하는 자랑스러운 서열 상승의 영광을 안게 되었다고 하더라도 잠시 후면 하얗게 스러져가는 비누 거품처럼 하잘 것 없는 성공이 될 것이다. 그러므로 그대에게 지금 필요한 것은 자아를 정직하게 들여다보는 자숙과 성찰의 시간이다.

인간은 자신스스로를 성실하게 성찰해야 하는 의무가 있다. 자기 자신에 대한 성찰은 한편의 연시보다 더 애절한 연민과 짓밟아도 결코 허무하게 죽지 않는 파란 잔디처럼 질긴 자신감을 불러일으킬 것이다. 꿈은 바로 이런 일을 가능하게 해주는 첨병 역할을 하는 것이다. 꿈은 그대에게 한없이 상냥하게 말할 것이다. 이 세상의 어떤 것에게서도 전해 듣지 못했던 인생의 비밀에 대해서, 그대가 누구인지 왜 이 세상에 찾아 왔는지, 누구를 위해 무엇을 위해 살아가야 하는지를 그대에게 들려줄 것이다.

그대여! 사려 깊은 소리로 말하는 꿈의 속삭임에 귀를 기울여라. 꿈은 그대의 정체성을 가장 친절하고 이해하기 쉽게 설명해주는 최고의 스승이 되어 줄 것이다.

꿈이 지닌 다섯 번째 주목할 만한 특징은 '노력하는 사람과 동행'한다는 것이다.

어떤 사람이 매우 근면하다란 말을 들으면 그런 사람이라면 함께 일하고 싶다는 생각이 들 것이다. 그의 성실한 모습이 눈에 선명하게 떠오르고 '참 열심히 사는 사람이다.'라는 긍정의 느낌이 들기 때문이다.

책임감 있고 근면한 사람에게 마음이 끌리는 것은 아침

이슬처럼 깨끗하고 착한 사람에게 끌리는 것이나 아름다움을 간직한 곱고 예쁜 사람에게 끌리는 것처럼 자연스러운 끌림일 것이다.

꿈은 성실하고 근면한 사람을 유별나게 좋아한다. 누가 지켜보지 않아도 정성껏 자신의 할 일에 정성을 다하는 사람은 구태의연한 사고방식의 사람과는 삶의 태도가 전혀 다르다. 근면한 사람은 다른 사람의 눈에 비춰지는 자신의 겉모습을 의식하며 살아가지 않기 때문이다.

그대여, 근면한 사람이 되라. 근면한 사람이란 자기 자신에게 정직하고 스스로가 정한 인생의 올바른 규율에서 어긋나지 않도록 주의하며 사는 사람이다. 또한 그는 먼 훗날 후회하지 않을 만한 아름다운 삶을 살아가고자 매일 자신에게 주어진 일들을 성실히 해내고 삶의 기본에 충실한 사람이다. 그는 도도하거나 가식적이지 않으므로 다른 이들의 마음에 진한 감동을 준다. 근면한 삶을 살아가는 사람에게 반하지 않기는 힘든 일이다.

그대는 소중한 인생의 시간들을 사랑하는 사람들과 미래의 멋진 나날들을 상상하며 행복하게 살아가고 싶은가. 또한 그대가 고심 끝에 선택했던 일들을 나중에 느긋이 바라보며 정말 잘 선택했다고 활짝 웃으며 추억할 수 있는 보람찬 삶을 살아가고 싶은가. 그렇다면 꿈은 근면하게 노력하는 사람에게만 자신의 옆자리를 기꺼이 허락한다는 사실을 잊지 말라.

지금 우리는 꿈의 실체에 대해 면밀하게 알아보고 있는 중이며 그것의 특징들에 대해 곰곰이 관찰해가는 알찬 시간을 공유하고 있다. 이제 꿈이 가지고 있는 여섯 번째 특징을 만나보도록 하자. 꿈의 여섯 번째 특징은 '인간이 원하면 거절하지 않고 항상 기쁘게 달려와 주는 것'이다.

그대에게 꿈은 어떤 의미인가. 연애를 할 때도 우리들은 조용한 밤하늘 아래에서 가끔 생각해보곤 한다. '나는 너에게 너는 나에게 과연 어떤 의미일까'

하지만 꿈과 자신의 관계에 대해서는 그런 애잔한 생각의 실마리를 풀어가고자 하는 사람은 많지 않을 것이다. 너무 가까이 있고 익숙한 것들에 대해 고마움을 의식하지 못하고 살아가는 것처럼 꿈도 우리가 원하면 항상 달려와 주기에 고마움과 소중함을 채 느끼지 못하고 살아가는 것은 아닐까.

꿈은 이렇게 무심한 우리들에게 미안한 마음이 들도록 만들기에 충분하다. 왜냐하면 꿈은 인간의 고독과 정신적 통증을 치료해주는 것이 고유한 사명이기 때문이다.

우리는 몸 어느 한 곳이라도 아프면 급하게 병원을 찾는다. 피검사며 엑스레이며 소변검사며 첨단 MRI 촬영에 이르기까지 여러 가지 검사를 허겁지겁하며 질병의 원인을 찾고자 한다. 그리고 그 원인을 발견하여 완치되기까지 엉덩이에 주사를 맞고 쓰디쓴 약을 먹고 병원생활의 불편함을 감수하며 입원을 하거나 바쁜 시간을 쪼개어 통원을 하는 등 시간과 돈을 지불해야만 한다. 그러나 꿈은 우리에게 하나뿐인 목숨을 내놓으라거나 어마어마한 돈을 요구하거나 죽음에 대한 몸서리칠 만큼 무서운 경고를 하거나 수술대 위에 올려놓기 위해 서명할 것을 종용하지 않는다. 오히려 꿈은 인간이 가지고 있는 고통과 고독으로 빚어진 생의 아픔을 아무런 요구를 하지 않고서 치유해주는 아량을 베풀어 준다. 꿈이 원하는 것은 다만 상처를 치료할 조금의 시간일 뿐이다.

그대는 꿈에 대해 절실하지 않을지도 모르지만 꿈은 그대를 절실한 친구로 생각한다. 자신의 이름을 사랑스럽게 호명해준 사람에게 가장 값진 인생의 선물을 주기위해 자기가 지닌 모든 것을 아낌없이 불사르는 것이 꿈의 원초적 본능이라 할 수 있다. 꿈은 밤이나 낮이나 한결같은 마음으로 친구곁을 지켜준다. 그 우정의 깊이와 사랑의 넓이는 인간의 짐작만으로는 측량할 수 없다.

만약 한 사람이 어떤 꿈 하나를 가슴 깊이 간직하게 되면 그에게는 그러한 통증을 완벽하게 사멸시킬 수 있는 최고의 명약이 준비되어 있는 것이나 마찬가지이다. 이와 반대로 꿈이 없는 자는 정신적 통증이 초저녁 어스름처럼 소리 없이 다가올 때 전혀 대비할 방도가 없으며 무방비 상태로 있다가 그대로 생명을 앗아갈 수도 있는 위험에 노출되고 마는 것이다.

꿈이 있는 삶. 꿈이 없는 삶.

이 두 가지의 삶은 얼마나 대조적인가. 마치 태양이 떠 있는 화창한 하루와 태양이 구름 뒤에 숨어 하루 종일 어둡고 음습한 하루의 대비적인 장면과 별반 다르지 않다.

그대여! 두 가지의 개성 강한 인생이 그대 앞에 놓여 있다. 꿈과 함께 하는 희망 가득한 삶과 꿈과 함께 하지 않는 무의미하고 건조한 삶. 그대는 어떤 삶을 선택하겠는가.

이제 인생을 찬란하게 완성시키는 일곱 번째 꿈의 특징을 함께 나지막하게 불러보자. 그것은 '보답을 바라지 않고 사랑하는 것'이다.

거의 모든 사랑은 자기가 사랑한 만큼 보답을 바라는 마음이 은연중에 배어 있다. 친구를 사랑하긴 하지만 친구 또한 나를 똑같은 비중이나 그 이상의 마음으로 사랑해주기를 바라고, 자식을 사랑하긴 하지만 자식이 먼 훗날 늙고 병든 자신을 외면하지 않고 특별히 돌보고 보살피기를 바라며, 부모를 사랑하긴 하지만 주머니가 두둑할 정도의 넉넉한 용돈과 사업자금을 원할 때마다 풍족하게 대주기를 바라고, 이웃을 사랑하긴 하지만 이웃 또한 자신에게 자신이 베푼 것 이상의 관심과 친절을 베풀어 주기를 기대한다.

자신의 기대에 대해 상대방이 조금이라도 어긋난 행동을 하게 되면 반드시 분노라는 최악의 감정을 느낄 것이다. 그렇게 하지 않으려고 해도 자꾸만 참을 수 없는 욕망이 치밀어 오르는 금단증상처럼 사랑에 대한 보답을 바라는 일은 채 의식하지 못한 순간에 순식간에 이루어지는 감정이므로 손쓸 틈조차 없이 인간의 정신을 올가미가 되어 사로잡는다. 보답을 바라는 욕망의 올가미에 사로잡힌 사람에게 마음의 안정과 평화는 머무를 수가 없다. 다시 한 번 강조하지만 마음의 평화가 없는 사람에게 행복이 깃들 공간은 없다. 꿈은 인간이 행복해지기를 바라고 있으므로 꿈을 이루고자 하는 자는 마음이 평화로워야만 궁극적인 성공의 길에 들어설 수 있는 것이다.

나의 베풂에 너의 보답을 굳이 바라지 않는 깔끔하고 상쾌한 정신을 늘 간직하고서 사람들을 대하게 된다면 꿈을 이루는데 많은 도움을 받을 것이다. 불가능해 보이는 어려운 일들에 도전하더라도 타인에 대한 원망과 불만이 싹틀 원인이 애초에 없는 사람에게는 다양한 가능성의 문이 활짝 열릴 수밖에 없다. 왜냐하면 사람들은 자신에게 무엇을 귀찮게 원하는 사람보다는 자신에게 무엇인가를 기꺼이 내어줄 수 있는 사람을 더 좋아하고 가까이 하고 싶어 하기 때문이다.

그대여, 생각해 보라. 한 사람은 그대에게 매일 찾아와서 무엇인가를 달라고 보채고 괴롭히는데 다른 한 사람은 매일 그대를 찾아와서 무엇이 필요한지 알아보고 자상하게 도와준다면 누구를 더 좋아하고 친하게 지내고 싶겠는가.

꿈은 보답을 바라지 않고 사랑하는 마음을 항상 간직하고 있음을 기억하라.

제 7장

시간을 현명하게 운용하라

인간의 혈관은 약 12만 5천km로 지구 두 바퀴를 돌고도 남는 거리라고 한다. 지구 두 바퀴를 돌 수 있는 거리란 얼마나 까마득한 분량인가. 우리는 혈관이 막히면 조영 제를 투여하고 문제를 일으킬 소지가 많은 부분을 관찰해 적절하게 치료하여 생명을 연장시킨다. 환자에게 있어서 피의 이동경로를 확인한다는 것은 매우 중요한 일이다. 어디에서 막히는지 어디에 구멍이 생겼는지 그 원인이 무엇인지를 보다 더 정확히 파악할 수 있기 때문이다. 그래서 사람들은 급박한 위기의 순간에 전신마취에 동의하고 흔쾌히 방사선 물질인 조영 제를 혈관 내에 투여하여 혈관의 형태를 관찰하는 혈관조영 치료를 받는다. 약간의 부작용이 뒤따를 수도 있지만 위급한 상황을 넘기는 일이 우선이기 때문이다.

시간이란 인간의 혈관 속을 쉴 새 없이 흐르는 붉은 피와 같다. 피는 인간의 혈관 속으로 흐르고 시간은 우주의 혈관 속으로 영원히 흘러가는 무형의 존재다. 그러나 우주의 피인 시간은 인간의 피와 다른 점이 있다. 그것은 한 번 떠나가면 다시 되돌아올 수 없다는 것이다. 우리 몸속의 피는 끊임없이 순환하지만 우주를 관통해 흘러가는 시간은 한 번 지나가면 그

걸로 마지막이다. 지금 그대가 숨 쉬는 이 순간, 그 찰나의 순간은 우주가 선물하는 단 한 방울의 생생한 피인 것이다. 한 번 떨어지면 다시는 주워 담을 수 없는 핏방울이 지금 그대 앞에 무수히 떨어져 내리고 있다.

우주의 血, 시간

　우주의 血인 시간을 경외하는 마음으로 받들고서 삶을 살아가야 하는 것은 인간으로서 당연히 갖추어야 할 소양이라고 말할 수 있다. 왜냐하면 인간의 육체는 우주의 입자로 구성되어졌으며 언젠가는 다시 우주의 입자로 되돌아갈 것이기 때문이다. 결국 인간이 우주이고 우주는 바로 우리 인간이다. 때문에 우주와 인간은 당연히 일치한다. 그러므로 인간을 성장시키고 노화시키고 소멸시키는 것이 시간이듯 시간을 운영하고 이해하고 처리하는 것도 인간의 영역이다.

　단 한 번 주어진 시간이란 우주의 신성한 피는 인간의 영혼 속으로 깊숙이 흡입되기를 원하며 덧없이 아무 곳에나 떨어져서 흩어져 사라지기를 원하지는 않는다. 시간은 언제나 인간에게 소중한 존재로서 대우받기를 간절히 원한다.

만일 인간이 이러한 시간의 간절한 염원을 무시하고 함부로 낭비하거나 아무 곳에나 투척해버리거나 도외시한다면 그만큼의 손실을 입을 수밖에 없다. 왜냐하면 시간은 인간을 성장시키고 완성해가는 주도적 역할을 하는 것이기 때문이다.

중환자실 수술대 위에 인간이란 환자가 누워 있다. 마취과 의사가 환자의 상태를 면밀히 주시하면서 심도를 조절하고 수액과 혈액을 공급해주고 있다. 만일 피가 흐름을 멈춘다면 환자의 목숨을 보장할 수가 없을 것이다. 끊임없이 피가 흘러갈 수 있도록 우주라는 의사가 환자의 곁에서 세심하게 주의를 기울이고 있는 중이다.

"선생님, 이 환자 살아날 수 있을까요?"

의식이 아직 돌아오지 않고 있는 환자를 보면서 안타까운 심정으로 시간이 묻는다. 우주라는 의사는 아무런 말도 하지 않고 고개를 끄덕인다. 시간이 서둘러 인간의 몸속으로 들어가려고 한다. 자신이 도와주면 환자가 더 빨리 살아날 것만 같은 안타까운 마음에 평소에 하지 않던 행동을 하고만 것이다. 그 모습을 본 우주라는 의사가 황급히 말린다.

"안됩니다. 당신은 정해진 간격만큼만 인간에게 투여될

수 있습니다. 도와주고 싶다고 더 빨리 들어가서도 안 되고 미움이 생겼다고 더 느리게 들어가서도 안 되는 것이 당신의 임무입니다. 늘 지켜오던 속도로 흘러들어가세요."

우주란 의사가 피를 공급해주던 관을 사전 예고도 없이 빼낸다. 환자가 비틀거리며 신음소리를 낸다.

"왜 피를 더 이상 공급해주지 않는 겁니까?"

시간이 걱정스런 표정으로 우주라는 의사를 바라보며 묻는다.

"이제 이 환자는 스스로 피를 만들어낼 것입니다. 당신이 언제나 그랬듯이 곁에서 지켜보고 응원해주세요. 가끔은 이 인간이라는 환자가 당신을 외롭게도 할 것이고 때로는 당신을 아예 잊고서 살아갈 수도 있을 것이지만 초심을 잃지 마시고 이 환자 곁에 끝까지 함께 해주세요. 그러실 수 있죠?"

우주가 시간의 손을 잡으면서 당부한다.

"그럼요. 저는 늘 인간에게 한결같은 마음으로 대하니까요. 저를 함부로 대한다고 해서 조금만 준다거나 저를 특별하게 대해준다고 해서 많이 준다거나 하지는 않았습니다. 그렇지만 저란 존재를 의식하고 낭비하지 않는 인간은 대개 좋은 결과를 얻더군요. 그것이 당신이 바라는 바가 아닌가요?"

우주가 대답대신 의미 있는 눈웃음을 지어 보였다.

지금 이 순간에도 우주의 피는 공간 사이로 유유히 흐른다. 어둠 속에 잠긴 도심의 빌딩 숲에도 흐르고 황소개구리가 시끄럽게 울고 있는 농촌의 논두렁 위에도 흐르고 쓸쓸함에 잠 못 이루며 소주잔을 기울이는 솔로들의 머리 위에도 흐르고 학원에서 졸린 눈을 비비며 공부중인 학생들의 피곤한 눈가에도 흐른다. 누구에게나 공평하게 주어진 그것을 어떻게 운영하는가에 따라서 인생의 결과 또한 달라진다.

　　한 방울의 시간도 아껴 써라. 헛되이 보내도 괜찮은 시간은 이 세상 어디에도 없다. 우리에게 주어진 시간은 바로 생명 그 자체이기 때문이다. 살아있으므로 누릴 수 있는 최고의 행복을 빚어내는 것이 바로 시간이다. 우주의 血, 온 세상을 관통하는 신선한 시간이란 피를 한 방울도 흘려버리지 말고 소중히 대하길 바란다.

삶이란 시간과 함께 걷는 것

만약 우리들이 먼 여행길을 홀로 떠나야만 한다면 그것은 굉장히 힘든 고역스런 일이 될 것이다. 게다가 가는 도중에 지친 몸을 쉴 운치 있는 정자 하나 발견할 수도 없고 지나쳐가는 버스 한 대도 없으며 스치고 오가는 사람 한 명 없다면 얼마나 외로울 것인가. 아무리 혼자 여행하는 걸 좋아하는 사람이라도 아무도 반겨주지 않으며 어떤 자극도 없는 여행을 떠나라고 한다면 망설이게 될 것이다. 그러나 언제나 인간에게는 그런 막막한 여행길이 모든 인간에게 빠짐없이 주어져 있다는 것을 알고 있는가.

모든 인간은 그런 여행을 하고 있는 중이다. 그 여행은 스스로 걷고 헤쳐 나가야만 하는 내면의 여행이기 때문에 여행안내서나 체험수기 등은 어디에서도 찾아볼 수 없다.

여행에도 여러 형태가 있다. 농번기를 마친 마을 사람들이 관광버스를 대절해서 단체로 타고 흥겨운 음악을 틀고서 춤을 추면 버스도 덩달아 덩실거리며 춤을 춘다. 그렇게 술에 취해서 흥청망청 낯익은 사람들과 어울려서 떠나는 여행도 있고, 가족들과 오붓이 떠나는 조용한 가족여행도 있으며 혹은 절대 자신의 신분이 노출되면 안 되는 은밀히 즐기기 위해 떠나는 불륜 비밀여행도 있다. 그러나 그대가 혼자서 떠나야만 하는 내면의 여행은 그대 스스로 목적지를 정하고 가는 방법과 시기 또한 그대가 결정지어야 한다. 다른 사람들에게 가끔 조언을 구할 수는 있지만 최종선택은 어차피 스스로 자신의 책임인 것이다. 이 내면의 여행이 바로 삶이다.

삶이라는 여행은 아무리 걸어도 끝이 보이지 않는다. 지평선 끝까지 간다고 해서 삶이 끝난다고 단언할 수 없다. 이제 그만 걸어가고 싶다고 해서 스스로 목숨을 끊는 사람이 간혹 있기도 하지만 그것은 실패한 삶의 모습일 뿐이다. 대부분의 사람들은 아무리 괴로워도 참고 견디면서 삶이란 길을 묵묵히 걸어가고 있는 것이다. 즐거운 일이 있어서 마냥 행복할 것만 같았다가도 변덕쟁이처럼 괴롭고 감당하기 버거운 일과 맞닥뜨리게 되는 것이 삶의 길에 나선 그대가 겪는 어쩔 수 없는 숙명인 것이다. 마지막 순간까지 전적으로 자신이 책임지고 살아가야하는 굴레 아닌 굴레를 짊어지고 있는 것이 인간의 삶인 것이다.

그대는 이러한 인간의 삶의 곁에 언제나 함께 해주는 시간이 있다는 사실을 알고 있는가.

어머니의 자궁 안에 잉태된 순간부터 그대의 곁에는 시간이 있었다. 신의가 있는 친구처럼 시간은 한 번도 그대 곁을 떠난 적이 없다. 만약 시간이 인간의 곁을 떠난다면 아마 우주가 소멸되었을 때일 것이다. 그러나 우주는 소멸하지 않는다. 그러므로 시간은 불멸하는 진리인 것이다. 훗날 육체적인 삶이 끝나더라도 시간은 인간의 영혼을 지켜줄 것이다. 그것이 시간이 지닌 영원성이다.

이처럼 한 번 그대와 인연을 맺게 된 시간은 그 어떤 것보다 오래오래 그대 곁에 머물며 온갖 삶의 희로애락을 공유하게 된다. 지상에서 보내야만 하는 길다고 하면 길고 짧다고 하면 짧은 인생은 시간과 함께 걸어가는 여행이라고 할 수 있다. 시간을 배제하고 삶에 대해 논의한다는 것은 있을 수 없는 일이다. 인간의 삶은 시간과 함께 걷는 것이기 때문이다. 가파른 능선을 오를 때도 시간은 곁에 있다. 평평한 평지를 걸을 때도 시간은 곁에 있다. 시냇물을 건널 때도 늪에 빠져서 허우적거릴 때도 누군가가 설치한 덫에 걸려 신음할 때도 시간은 곁에 있다. 그렇지만 시간은 인간을 귀찮게 하거나 부담을 지우지 않는다.

"내가 너에게 매일 이만큼의 나를 주고 있어. 그런 만큼 너도 나를 위해 뭔가를 해야 되지 않겠니?"라면서 부담감을 주거나,

"나에게도 애정을 쏟아줘. 매일 여자 친구에게만 선물해주고 영화 보러 다니지 말고. 나는 늘 네 곁에 있는데 왜 난 모른 척 하는 거야. 나랑 놀아줘."하면서 그대를 귀찮게 하지 않는다.

참 얼마나 다행스런 일인가. 그대에겐 언제나 함께하는 시간이 있었던 것이다. 시간은 그대의 외로움을 공감해주고 괴로움을 공유해주고 서글픔을 공명해준다. 시간으로 인해 인간은 무엇인가를 이루고 싶다는 희망을 실현할 수 있게 된다. 꿈을 꾸고 그것을 이루기 위해 힘차게 노력하고 그리고 누군가를 만나 사랑을 하고 가끔 싸우기도 하고 토라지기도 하고 가슴 시린 이별도 한다. 이 모든 일은 모두 시간이 마련해준 지평위에서 가능한 일이다.

시간이 없이 혼자서 터벅터벅 목적지도 없이 삶의 길을 걸어간다면 어떻게 될까. 지구는 공전을 멈추고 자전하지도 않을 것이며 태양은 빛을 잃고 생명체는 사라져버릴 것이다.

아무도 살지 않는 암흑천지의 캄캄한 세계가 도래하게 될 것이다.

시간은 인간에게 생명이 머무를 수 있게 터전을 제공해주는 포근한 대지의 여신과 같은 존재다. 그것으로 인해 많은 인간들이 밝은 내일을 기약하며 오늘의 쓰디쓴 고통을 견뎌내고 있다.

현상 뒤에는 시간이 있다

지구촌 곳곳에서 머리가 두 개인 돼지, 발이 네 개인 닭, 눈이 없는 강아지, 얼굴이 인간의 모습을 쏙 빼닮은 기형 물고기 등이 종종 발견되어 사람들을 화들짝 놀라게 한다. 이 기이한 현상 뒤에는 시간이 있다. 어떤 시간인가.

바로 인간이 함부로 환경을 학대하고 자연을 무차별적으로 훼손시킨 시간들이다. 실시간 뉴스로 어느 나라에서 가공할만한 테러가 발생했다는 소식이 급박하게 전해온다. 전 세계를 대표하던 웅장한 건물이 테러범들에 의해 한순간에 처참하게 무너지고 한 나라의 대통령이 테러에 의해 희생되고 대도시의 중심부에 있는 지하철에서 무고한 승객들을 겨냥한 생화학 테러가 발생하기도 한다. 이런 소름끼치는 사건들 뒤에는 역시 시간이 있다. 어떤 시간인가.

사상과 종교가 다르다는 이유로 반감을 가졌던 시간, 어떤 것에 대해 자신들과 의견이 다르다는 것만으로도 증오심을 가졌던 시간, 이익을 위해서는 무엇이든 하겠다는 극심한 이기심을 키워온 시간, 그러한 시간들이 모여 분노를 품게 만들고 결국엔 사람들을 불안에 떨게 만드는 테러가 발생하는 것이다.

모든 현상 뒤에는 시간이 있으며 그러한 시간 속에는 인간이 있다. 시간의 지속적인 보호를 받으며 살아가는 인간이지만 인간 역시 시간을 지켜주고 배려해주는 삶을 살아가야 하지 않겠는가. 한두 살 먹은 어린아이도 아닌데 왜 우리는 시간에게 언제나 받기만 하는 것일까. 만일 시간을 보호하고 위해주려는 마음을 가지지 않고서 시간의 진심을 거스르는 행위를 계속 한다면 불행한 파국을 맞이할 수밖에 없을 것이다.

시간의 진심은 인간이 인간답게 살아가는 것이다. 성실하고 근면하게 자신의 할 일을 하며 타인에게 상처주지 않고 오히려 도움을 주고 자연에게 감사하고 살아있는 모든 것들에게 진심을 가지고 대하는 것이 시간의 진심이다.

시간은 도도한 강물처럼 우주의 통로를 흐르고 모든 것

들은 시간의 흐름에 따라 조금씩 변하기 마련이지만 변화를 주도하는 것은 인간의 마음가짐인 것이다. 아름다운 세상, 정이 넘치는 사회, 사랑이 가득한 가정을 만들기 위해서는 밝고 향기로운 현상을 추구하는 자세가 견지되어야 하는 것은 당연한 일이다. 하지만 우리는 지극히 당연한 이 일을 도외시하고 단지 한 순간의 욕구를 채우기 위해 열정을 불사르기도 하고 잠깐의 분노를 제어하지 못해 평생을 후회할 짓을 저지르고 만다. 그렇게 충동적이고 이기적인 생활을 해나간다면 그 행위에 걸 맞는 현상들이 일어날 것은 불을 보듯 당연한 일이다. 서로의 마음을 다독여주고 원하는 바를 미루어 짐작하여 배려해주고 원치 않는 일을 억지로 시키지 않는 것이 인간으로서 해야 할 일이다.

　현명한 사람 또한 어리석은 행동을 종종 하면서 삶을 산다. 그렇지만 아주 사소한 어리석은 행위도 시간은 기억하고 있다. 특히 시간은 타인에게 상처를 입히고 자연을 훼손하고 자신을 속이는 일이라면 더욱 또렷하게 그것을 인지하고서 그에 상응하는 현상이 나타나도록 만든다. 그것이 시간의 임무이기 때문이다. 인간이 바른 방향으로 나아가지 않고 어둡고 습한 악의 길로 들어설 때 시간은 가슴 아파하며 잘못을 바로잡아주고 싶어 한다. 그래서 그런 행동을 하는 사람에게 시간은 반드시 그것보다 더 큰 아픔과 후회, 그리고 반성할 기회를 주는 것이다.

현상 뒤에 있는 시간은 언제나 공명정대하게 인간을 바라보면서 세밀하게 관찰한다. 긍정적인 행위로 세상에 이로운 영향을 끼치는 사람에게 시간은 반드시 보상을 준비한다. 만일 생전에 그가 세상 사람들로부터 억울하게 매도당하였더라도 훗날에는 그의 억울함을 풀어주게 만들고 재평가 받을 수 있도록 도와준다. 반면 부정적인 행위로 세상에 해로운 영향을 끼치는 사람에게도 시간은 역시 공평하게 보상을 준비한다. 만일 생전에 그가 그럴듯한 처신으로 사람들로부터 사랑받고 존경받으면서 온갖 부귀영화를 누리며 안락하게 살았더라도 그가 행한 부도덕하고 부정직한 행위는 후세 사람들에 의해 낱낱이 밝혀져서 죽어서도 부끄러운 사람이 되게 만든다. 시간은 이처럼 공명정대하며 정의롭다.

오늘 그대에게 어떤 현상이 나타났는가. 이 현상의 배경에는 시간이 있음을 기억하라. 오늘 그대의 주변에서 어떤 일들이 벌어졌는가. 그 일들의 바탕에는 시간이 있음을 역시 상기하라.

어떤 일이든 시간은 그것을 기억하고 있다. 오늘 그대는 자신이 하고 싶지 않은 일을 타인에게 강요하지는 않았는지 되돌아보자. 물 한잔을 마셔도 사소한 생각을 해도 무심코 한 마디를 내뱉을 때에도 우리는 시간이 언제나 곁에 있음을 기억해야 할 것이다.

시간을 낭비하는 건 목숨을 버리는 일

성큼 다가온 겨울 날씨에 사람들은 두꺼운 외투를 걸치고 마스크를 하고 털목도리를 매고 장갑을 낀 채 호호 입김을 불며 거리를 걸어간다. 올 겨울 더욱 강력한 코로나 19 바이러스 현상으로 인해 사상 최악의 불안한 겨울이 예상된다는 예보가 연일 뉴스를 장식한다. 기름 값 걱정에 가스 비 걱정에 추운 겨울을 지낼 일이 아득하기만 하다. 아직은 가을인데 10월이 채 끝나기도 전에 계절은 서둘러 겨울을 데리고 오고 있는 것 같다.

겨울이 길면 서민들은 힘겨워질 수밖에 없다. 연료비가 생활비의 대부분을 차지하기 때문이다. 춥지도 않고 덥지도 않은 선선한 날에 시간이 고정되어버린다면 얼마나 좋겠는가. 하지만 오늘도 유유히 시간의 강물은 흐르기를 멈추지 않는다.

돌이켜보면 엊그제 초등학교에 들어간 것 같은데 우리들은 어느새 이렇게 자라서 사회의 구성원으로서의 몫을 하고 있다. 잠시 한 눈 판 사이에 변해버린 계절처럼 인생도 한 순간에 스쳐간다. 교복을 입고 시험성적에 고민하며 애태우던 시절이 바로 어제 일 같은데, 군에 입대하여 자기에게는 전역할 날이 오지 않을 것 같은 마음에 마음 졸이던 그때가 기억에 생생한데 어느덧 직장에 취직하고 누군가와 사랑을 하고 결혼을 하고 아이의 부모가 되어 삶을 스스로 책임지는 나이가 되었다.

가방 메고 학교 다니던 시절에는 어서 빨리 시간이 흘러 창살 없는 감옥과도 같은 이곳을 졸업해서 지긋지긋한 공부로부터 해방되고 싶다고 노래를 부르다가도 막상 졸업을 하고 사회생활을 하다보면 부모님의 따뜻한 관심과 보호를 받고 선생님의 가르침을 받던 그 시절이 사무치게 그리워진다. 지나간 시절은 다시 되돌릴 수 없기에 이토록 더 애틋한 것일까. 그렇다면 지금 이 순간도 인생의 황금기라고 말할 수 있다. 교과서 표지만 봐도 한숨이 나오거나 회사에 나갈 생각에 온몸이 쑤셔오거나 퇴직하면 어떻게 사나 걱정이 태산 같거나 매일 반찬거리 생각에 짜증이난다고 해도 바로 이 순간이 그대 인생 최고의 시절인 것이다. 그런 황금기를 사람들은 경솔하게 지나쳐버리거나 헛되이 흘려보내기 일쑤다. 지나간 시절을 아무리 그리워해 봐도 돌아오지 않는데 옛 생각에 단단히 사로잡혀서 현재를 낭비하는가 하면 아직 오지도 않은 앞날을 생각하면서 자신의 황금시절을 덧없이 떠나보내고 있다.

시간을 낭비하는 것은 목숨을 버리는 일과 같다고 할 수 있다. 왜냐하면 한 순간의 작은 시간들이 모여서 인간의 일생이 만들어지기 때문이다. 조그만 조각들이 모여서 본래의 형태를 완성하는 모자이크 그림처럼 우리네 삶도 결국은 소소한 시간들이 모여서 이루어지는 시간의 집합체인 것이다.

오늘 그대는 시간을 낭비하지 않았는가.

'이 정도쯤이야 멍하니 보내도 괜찮겠지, 겨우 10분인데.'라면서 십 분이라는 시간을 무의미하게 흘려보냈다면, 그대는 십 분 만큼의 목숨을 버린 것이다. 매일 그렇게 십 분씩 시간을 낭비한다면 1년이면 3,650분을 가치 없이 살아낸 것이다. 그런 시간이 많아질수록 인생의 질이 현저히 떨어질 것은 당연한 일이다. 일 분의 시간도 그저 주어지는 것이 아니다. 살아있는 생명에게 우주가 선물하는 고귀한 선물이 시간이라는 것을 명심한다면 일 초, 일 분의 가치가 얼마나 소중한 가치인지를 깨달아야 한다.

시간의 본성

글을 쓰는 일은 켜켜이 쌓여 있는 생각을 파헤치는 고된 작업이기도 하지만 정신적 희열을 느끼게 하는 최고의 유희이기도 하다. 그러나 항상 마르지 않는 샘물처럼 타인의 입술을 적셔줄 지혜의 즙을 넉넉히 짜내기 위해서는 내부에 영혼을 살찌울 사상들이 깃들어 있어야 한다. 그래서 나는 영혼의 가뭄을 예방하기 위한 방편으로 산책을 한다.

산책하는 일은 새로운 시간 속으로 즐겁게 뛰어드는 일이다. 볼에 와 닿는 바람의 결이 어제와 다르고 똑 같은 건물의 외벽도 어제의 느낌과 다르다. 햇살의 농도도 한 번도 같은 때가 없다. 그래서 나는 생각의 깊이를 더하고자 할 때면 가벼운 발걸음으로 산책을 한다.

어느 무더운 여름 날, 햇살과 바람과 풍경의 새로움에 찬

탄하면서 걸어가고 있는 내 눈을 사로잡은 어떤 것이 있었다. 그것은 붉은 상사화와 끊임없이 접촉을 시도하는 한 마리 검정색 나비였다. 기하하적인 형태를 지닌 나비의 날갯짓은 순간을 포획하는 사진작가의 눈동자마저도 집어삼킬 만큼 강렬하고 어두웠다. 마치 장례식장에 조문 온 정체가 불분명한 의문의 사람처럼 온통 검은 색으로 칠해진 나비는 비현실적인 모습으로 태양보다 더 붉게 타고 있는 상사화 꽃대를 향해 나부시 날아들었다. 평소에 보기 힘든 신기한 장면에 매료된 내가 휴대폰으로 수선스럽게 사진을 찍어도 나비는 전혀 개의치 않고 상사화와 다정하게 밀어를 속삭이는 듯 보였다. 붉은 상사화와 검정색 나비의 오묘한 교류가 시간을 곱게 으깨어서 환을 만들어주었다. 시간의 환, 그것은 정적이었고 새로운 깨달음이었다.

병약한 아이들이 쓰디쓴 한약을 삼키는 것은 고역이다. 어른들은 그런 아이들을 위해 환약을 먹인다. '먹어보렴, 전혀 쓰지 않단다.' 단맛을 내는 감초가 들어간 것인지 환약은 쓴 맛이 약하다. 그러나 결국 그것의 본질은 한약이다. 본질은 변하지 않은 것이다.

시간의 환이란 인간이 시간의 본성을 깨닫는 경이로운 순간이다. 이러한 시간의 환약을 받아들고서 삼킬까, 말까 망설이고 있을 때 문득 나비의 성장과정이 뇌리를 스쳐갔다.

알에서 깨어나 애벌레가 된 후 다시 번데기로 자신을 은폐시킨 후 마침내 완전한 성충이 되는 나비의 성장과정은 겉보기에 그다지 복잡하지도 않고 새삼스럽지도 않은 것만 같다. 알에서 성충까지의 과정을 1세대라고 하는데 모든 나비들이 1세대(1년에 한 번만 이러한 성장과정을 거치는 것)만 거치는 것은 아니다. 어떤 나비들은 2세대, 3세대를 거치기도 한다. 동일한 시간 안에서 나비들의 성충이 되는 속도가 다르다는 것은 의아한 일이기도 하다. 정원 위에 팔랑거리면서 날아다니는 나비나 도시의 자동차 소음에 파묻힌 채 오밀조밀 구겨져 핀 인도 위 고무화분에 핀 꽃 위를 얼쩡거리는 나비나 결국은 서로 다르지 않은 나비들인데 그들에게도 생의 완성은 동일하지 않았던 것이다.

인간 역시 마찬가지다. 외면적으로 보면 모든 인간은 별다를 것이 없어 보인다. 남자와 여자의 구분만 있을 뿐 연령에 관계없이 인간의 모습은 별반 다를 게 없다. 하지만 인간의 심성과 인격은 같을 수가 없다. 그것은 왜 일까. 이유는 분명히 있을 것이다. 두 눈에 두 팔에 두 다리에 비슷한 외모의 인간이지만 한 사람은 사회에서 존경받고 사랑받으면서 인정받는 삶을 사는가 하면 한 사람은 사회에서 제거해야할 악의 축으로 내몰리고 기피의 대상이 되는 것을 보라.

겨우 1세대만 거친 나비가 있는가 하면 인고의 시간을 극복하고 2세대, 3세대를 거치는 나비가 있듯이 인간도 1세대만 거친 단순한 형태의 본능에만 의존하는 인간이 있는가 하면 피나는 노력과 헌신으로 2세대, 3세대를 거치는 인간이 있기 때문에 그들의 삶이 그렇게 다른 것이다. 그렇다면 시간의 본성은 무엇일까.

깊은 성찰만이 그것의 답을 제시해줄 수 있다. 쉽게 얻을 수 있는 것은 쉽게 사라지고 온몸이 바스라질 것 같은 고통과 처절한 사투를 이겨내고 얻은 것은 오랫동안 가슴에 남아 인생이란 토양을 기름지게 하듯이 시간의 본성을 깨닫기 위해서 인간은 자신의 삶에서 가장 소중한 것들에 대해 골똘히 탐구해야 한다.

"시간의 본성은 흐름이라는 것이 다인가요? 너무 포괄적이고 추상적이지 않습니까? 좀 더 구체적으로 설명해주시죠."

현명한 독자는 내게 그렇게 질문을 할 것이다.

다행히 '시간의 본성은 흐름이다'는 전체배경에 불과하다. 무엇인가를 이해하려면 그것의 배경을 이해해야 한다. 우리가 어떤 사람을 이해하려면 그 사람의 집안 환경, 사회적 위치, 살아온 이력 등을 알아야 하듯이 시간에 대해서도 마찬가지다. 시간을 이해하려면 가장 큰 배경인 흐르는 것이 시간의 본질이라는 것을 우선은 확실히 해둘 필요가 있다. 정체되지 않고 고여 있지 않고 붙잡아도 결코 손아귀에 사로잡히지 않는 것이 시간이다. 이러한 시간의 가장 기초적인 본성을 이해한다면 진정한 시간의 본성을 깨닫는 일이 한결 수월해질 것이다.

진정한 시간의 본성은 평등이다. 평등한 흐름이 시간이라고 생각하면 이해가 쉬울 것이다. 시간이 부자에게는 하루에 25시간을 주고 가난한 사람에게 하루에 23시간이 주어지는 것을 본 적이 있는가. 대통령에게는 한 시간에 61분을 주고 환경미화원에게는 한 시간에 59분만 주어지는 것을 본 적이 있는가. 임종을 앞둔 말기 암 환자에게는 야속하게도 1분에 59초만 주어지고 99세가 다 된 건강한 수전노에게는 1분에 61초의 시간이 주어지는 것을 본 적이 있는가.

그대는 누구에게도 예외를 두지 않고 공평하게 제공되는 시간을 그대는 어떻게 사용하고 있는가.

그대는 1세대만 거친 단순한 나비가 될 것인가, 아니면 2

세대, 3세대 아니 그보다 더 많은 자기혁신을 거친 성숙한 인격의 나비가 될 것인가.

그대는 차분히 자아에 대해 사유하면서 시간의 본성을 이해하는 성찰의 시간을 가져야할 것이다.

최고로 성공하는 비법

　세계에서 가장 부유한 사나이가 자신이 성공하게 된 비법을 알려주겠다고 날짜를 지정하자 세상이 발칵 뒤집힌 것처럼 열광적인 반응이 일어났다. 헤아릴 수 없을 만큼 많은 재산을 소유한 그는 또한 자선사업에도 엄청난 기부를 한 인물로 역사상 가장 존경받는 부자 중 한 사람이기도 했다.

　사람들은 그 날이 오기만을 손꼽아 기다렸다.

　'그는 도대체 어떻게 그렇게 큰 재산을 모은 걸까', '나도 그처럼 큰 부자가 되고 싶다. 그의 비결을 꼭 듣고 싶다.'

　그런 생각을 한 사람은 다리 밑 하천 옆에서 천막을 치고 생활하는 빈곤한 사람이나 빌딩 몇 채를 보유한 부자나 마찬가지였다. 세상에서 가장 부유한 사나이가 부의 비결을 알려주는 행사가 열리기만을 온 세상 사람들이 애타게 기다리고 있었던 것이다. 메이저 언론들은 부유한 사나이가 약속한 날을 기점으로 올림픽 개회식 카운트다운을 하듯 날짜를 헤아리기 시작하였고 그의 파란만장한 일대기를 조명한 각종 다큐멘터리들이 제작되어 높은 시청률을 올리면서 연일 뜨거운 화제가 되기도 했다.

드디어 약속한 날이 되었다. 시계의 초침은 평소와 다름 없이 분주하게 오전 열시를 향해 달려가고 있었다. 행사 장소에는 군중들이 구름떼처럼 모여서 그가 나타나기만을 기다리고 있었다. 사람들은 그가 나타나면 그 부자가 하는 말에 귀를 기울여 부의 비결을 한 단어도 빼놓지 않고 숙지할 예정인 것처럼 굳은 표정의 모습들이었다. 몹시 화려한 차림의 사회자가 그의 입장을 안내하기 위해 목청을 가다듬고 있었다.

째깍째깍 시간은 어느덧 아홉시 오십분이 되었다. 사람들의 시선은 오색풍선과 꽃으로 장식된 입구를 향하여 고정되었다. 그는 분명 세계 최고의 부자답게 광채가 번쩍이며 빛나는 값비싼 자동차를 타고 저 입구를 통과해 올 것이었기 때문이었다.

"아홉시 오 십 칠분!"

사회자가 애가 타는지 카메라를 바라보다가 다시 입구

를 바라보기를 반복하면서 경직된 얼굴로 시각을 발표하였다. 약속시간을 1분 남겨두자 군중들은 술렁이기 시작했다. 사회자의 얼굴은 금방 숨을 멈출 것처럼 먹빛으로 변해갔고 초조함에 입술이 바짝 타들어갔다. 그가 오지 않는다면 방송국은 광고주들에게 막대한 피해보상을 해야 할 처지였다. 시청자들의 원성을 살 것은 불을 보듯 당연한 일이었고 방송국의 이미지 실추도 예정된 수순일 것이다.

"그럼, 그렇지. 그렇게 잘난 사람이 무엇 때문에 여기에 오겠어?"

"내 이럴 줄 알았다니까, 순진하게 그 말을 믿은 우리들이 바보지. 어떤 부자가 아무런 대가도 없이 그런 비법을 알려주겠어. 우리들이 속은 거야."

"괜히 시간만 버리고 여기에 왔네. 자동차 그림자도 안 보이는데 오긴 틀렸어."

입구를 바라보던 눈길을 거두면서 몇 몇 사람들이 씩씩거리며 말하자 사람들이 거친 욕설을 내뱉기도 하였다. 그때였다.

"어, 저길 좀 봐!"

군중들의 시선이 이번에는 무대 위로 향하였다.

간소한 차림의 노신사가 헐레벌떡 무대를 향해 지팡이를

짚고 절름거리며 걸어오고 있었다. 그가 온 방향은 거창하게 마련된 행사장 입구가 아니라 일반인들이 드나드는 평범한 입구였다. 번쩍이는 고급승용차는 어디에도 보이지 않았고 보디가드는 한 명도 눈에 띄지 않았다. 그의 옷차림은 검소하고 단정하였으며 신발과 바지에는 군데군데 황토 흙이 묻어 있었다. 그가 도착한 시간은 정확히 열 시였다. 그는 약속을 지킨 것이다. 욕설을 내뱉던 사람들이 언제 그랬냐는 듯이 그의 이름을 연호하며 박수를 쳤다.

"여러분, 죄송합니다. 제가 지름길로 오는 길에 발이 돌부리에 걸려서 넘어졌습니다. 지금 한 쪽 발의 뼈가 부러진 것 같습니다. 그렇지만 오늘 소중한 시간을 내셔서 저를 보기 위하여 귀한 걸음을 하신 여러분과의 약속을 저버리는 것은 가장 파렴치한 일이라고 생각했기에 병원으로 가는 대신 이곳으로 왔습니다."

군중들의 시선이 그의 발로 쏠렸다. 왼쪽 다리부분 바지가 찢겨져 있었고 그곳에서 타박상에 의한 출혈이 있었다. 피를 저토록 많이 흘리면서 서 있기도 힘겨운 몸을 이끌고 여기에 왔단 말인가. 왜? 그를 향한 원성으로 시끌벅적했던 조금 전과는 달리 숨소리조차 들리지 않을 만큼 고요한 적막이 흘렀다.

"여러분, 제가 부자가 된 이유가 궁금하십니까? 오늘 여러분께 그 비법을 알려드리기 위해 왔습니다. 저는 약속을 지키는 것은 가장 기본적인 인간의 도리라고 생각합니다. 제 다리에 피가 보이시죠. 괜찮습니다. 피가 나고 뼈가 부러졌어도 병원으로 달려가지 않은 것은 제 몸이 소중한 만큼 여러분의 시간도 소중하다는 것을 알고 있기 때문입니다. 사람은 자신의 작은 상처에는 호들갑스럽게 반응하면서도 타인의 절망에는 눈 하나 꿈쩍하지 않는 비정함이 있습니다. 그런 정신으로는 진정한 부자가 될 수 없습니다. 성공하는 비법은 타인의 시간을 소중히 여길 줄 아는 배려의 마음에도 있습니다. 이렇게 여러분들에게 제 마음을 전할 수 있게 되어 감격스럽습니다. 여러분은 제가 왜 자동차를 타고 오지 않고 불편한 몸으로 걸어왔는지 의문을 품고 계십니까?"

부유한 사나이의 부드러운 음성이 광장에 모인 군중들을 향해 울려 퍼졌다. 사람들이 의미심장한 웃음을 서로 주고받았다. 그렇잖아도 그 점이 이상했던 참이었다. 분명 자신의 고급차가 있을 텐데 그는 왜 걸어서 이곳까지 온 것일까. 게다가 오는 길에 부상까지 입었으니 어리석은 일이 아닌가.

"당연히 그러실 겁니다. 사실은 제가 운전을 할 줄을 모릅니다. 늘 기사에게 의지해서 회의장소로 이동하고 사람들을 만나고 그랬던 것입니다. 그런데 오늘 새벽에 갑자기 우리 기사님의 아버님께서 돌아가셨습니다. 자식 된 도리로 부모님의 마지막을 지켜드려야 함에도 불구하고 기사님께서는 저를 이곳에 태워오기 위해 극구 고향집에 내려가길 거절하였습니다. 그렇지만 저는 기사님을 설득해서 장례를 치르도록 하기 위해 고향으로 가게 하였습니다. 저의 입장만 생각했다면 오늘 이 자리에 여유롭게 올 수 있는 방법을 여러 가지가 있었을 것입니다. 가령 다른 기사를 구해서 온다든가, 아니면 택시를 타고 온다든가 하는 방법이 있겠죠. 그러나 오늘만큼은 여러분들에게 오는 길 제 힘으로 걸어오고 싶었습니다. 아시다시피 전 원래 한 쪽 다리에 장애가 있는 사람입니다. 그래서 서 있기도 힘든 몸 상태입니다. 하지만 오늘 여러분들께 저의 힘으로 직접 이곳으로 오고 싶었습니다. 두 다리로 걸어서 못 오더라도 지팡이에 의존해서라도 오고자 한 것은 부자가 되는 비법을 알기 위해 오신 여러분들에게 제가 제 두 다리로 걸어서 오는 것이 좀 더 많은 것을 시사해 줄 수 있을 것이라고 생각했기 때문입니다. 여러분! 제가 여러분께 전하고자 하는 그것은 무엇일까요?"

　군중들은 이제 부유한 사나이의 말에 완전히 몰입이 되어 있었다. 그의 사정을 들어보니 참 안타깝다는 생각이

들었던 것이다. 자신의 기사까지도 배려해주는 저 따뜻한 마음. 사람들은 그를 진심으로 우러러 바라보고 있는 중이었다.

"그것은 바로 이것입니다."

그는 흉하게 찢어져서 피가 얼룩진 바지를 걷어 올렸다. 그러자 빨갛게 응고된 피로 범벅이 된 그의 무릎이 보였다. 여기저기서 아, 하는 탄성이 들렸다.

"여기 처참하게 드러난 제 상처를 보십시오. 이것이 바로 저 자신의 타인을 향한 진정성입니다. 최고로 성공하는 비법은 여기에 있습니다. 자신에 대해서는 어떤 경우에라도 스스로와의 약속을 어기지 않고 노력하겠다는 결연한 마음가짐과 시간에 대한 정확한 관념, 나와 인연을 맺게 된 누군가를 위해서라면 피가 나고 뼈가 부러지는 고통까지도 감수하면서 희생할 것이라는 나의 생활철칙을 보여드리고 싶었습니다. 나의 시간들이 소중하듯이 타인의 시간 또한 소중하기에 나로 인하여 타인의 소중한 시간이 헛되이 허비되지 않도록 하는 것이 최소한 여러분들에 대한 배려라고 생각했습니다. 여러분! 나 때문에 타인이 고통 받지 않기를 원하고, 나로 인해 타인이 조금이라도 행복해지기를 바라는 마음을 지니고, 타인을 거짓 없이 진솔하게 배려하십시오. 그렇게 하면 여러분 또한 분명 최고로 성공할 수 있습니다."

박수소리가 쏟아졌다. 누군가는 훌쩍거리면서 울기도
하였다. 부유한 사나이는 다리를 절뚝이면서 단상을 내려와
서 지팡이에 의지하며 자신이 왔던 길로 되돌아갔다. 다리의
통증으로 절룩거리면서도 그의 얼굴엔 한 없이 선한 미소가
머물고 있었다.

사회자도 아무 말도 하지 못했고 카메라는 그의 모습을
어떠한 보충 설명도 없이 그 모습 그대로를 보여주었다. 그
의 뒷모습이 모든 걸 말해주고 있었기 때문이다. 인간을 사
랑하고 인간을 존중할 줄 알며 참된 부의 가치를 알고 그것
을 공유할 줄 아는 사람이 뿜어내는 진한 감동이 그의 모습
에 가득 담겨 있었다.

오늘의 1분이 미래를 결정 한다

사람들은 자신의 일이 뜻대로 잘 풀리지 않을 때면 이렇게 한탄한다.

"왜 이리 재수가 없는 거지. 하는 일마다 이 모양이네." 혹은 "내가 전생에 무슨 죄를 지어서 이 꼴인 거야. 나보다 지지리도 못난 사람들도 저렇게 잘 먹고 잘 사는데 왜 나만 이렇게 되는 일이 없는 거지."

있었는지 없었는지도 모를 전생을 원망하거나 운이 없는 자신을 탓하다 보면 늘어나는 것은 하늘이 꺼질 듯 깊은 한숨이요, 찌는 것은 스트레스를 풀기위해 허겁지겁 먹어치운 음식들로 인한 풍성한 살점들이다.

그대는 그런 한탄이 얼마나 쓸모없는 일인지를 깨달아야 한다. 사람이 어떤 장해물을 만나게 되었을 때 그것을 대하는 자세에는 세 가지가 있다.

첫 번째 자세는 장해물을 넘어서겠다는 굳은 신념을 품고서 최선을 다해 뛰어오르는 것이고, 두 번째 자세는 장해물 앞에서 고심하면서 뛸까 말까 망설이는 자세, 세 번째 자세는 장해물을 보고 지레 겁을 집어먹고 아예 뛰어넘을 엄두도 내지 못하고 결국 포기하고 마는 자세다.

그대는 이 세 가지 자세 중 어떤 자세를 지니고 살아가고 있는가.

눈길도 주지 않으면서 간혹 눈에 보이며 애를 태우는 야속한 짝사랑의 연인처럼 잊을 만하면 장해물은 꼭 나타나서 앞을 가로막는다. 하나의 장해물을 겨우 통과하고 나면 휴식을 취할 틈도 주지 않고 더 크고 육중한 장해물이 나타나서 안도감에 경계심을 풀고 있던 사람의 뒤통수를 후려친다. 그래서 많은 사람들이 그런 장해물의 무자비한 습격에 주저 앉아버리거나 아예 장해물을 넘어설 엄두도 내지 못한 채 자신의 한정된 영역에서 벗어나지 못하고 그저 그런 삶을 살고 있는 것이다.

어떻게 인생의 장해물을 뛰어넘어 인생의 승리자가 될 수 있을까.

그 물음에 대한 답은 오늘이라는 시간을 어떻게 살아가

는가에 달렸다고 말할 수 있다.

만약 그대가 회사에서 가장 유능한 사원이 되기를 원한다면, 비록 승진에서 매번 탈락되는 시련이 이어지고 있다고 해도 오늘 더 많이 업무에 대해 공부하고 자신이 맡은 분야에 대한 살아있는 지식을 쌓아야만 한다. 그렇지 않고 오늘이라는 시간을 신세한탄이나 하면서 보낸다면 회사에서 승진이 되기는 요원한 일이 되고 말 것이다. 경쟁자들은 그대가 그렇게 땅이 꺼져라 한숨을 쉬면서 자신의 처지를 비관하고 있을 동안에도 쉬지 않고 노력하고 있을 것이며 그대의 상사는 그런 모습의 그대를 바라보면서 혀를 끌끌 차며 고개를 가로저으며 점차 그대에 대한 기대를 접고 있을 것이다. '저 친구는 아직 멀었군.'

그러나 그대가 오늘이라는 시간을 지나온 날들에 대한 미련에 후회하며 보내지 않고 더욱 솔선수범하여 회사생활에 충실하면서 맡은 일에 성의를 다해 노력한다면 상사는 비로소 미소 지을 것이다. '이젠 됐어, 좀 더 비중 있는 일들을 맡겨도 훌륭하게 해낼 것 같군.'

오늘 1분 1초라도 시간을 허비하지 않고 의미 있는 일에 쓸 수 있다면 그것이 내일의 행복한 일들을 만들고 행운을 불러들이고 성공을 이끌어올 것이라는 사실을 명심하라.

5분이라는 짧은 시간 동안 우리는 무엇을 할 수 있을까. 어떤 이는 라면을 끓여서 먹기에도 부족한 시간이라고 투덜거릴 것이고 어떤 이는 책 한 페이지도 읽을 수 있는 넉넉한 시간이라고 만족스러워 할 수도 있다. 어차피 시간이라는 개념은 개개인에 따라서 느껴지는 길이가 다를 수 있다. 물리학자 아인쉬타인은 자신의 지인이 상대성 이론에 대한 물음에 다음과 같이 말했다. "여보게, 한 번 생각해보게. 시간이라고 모두 같은 시간이 아니라네. 즐거운 일을 하고 있는 사람의 5분과 고통을 겪고 있는 사람의 5분이라는 시간은 얼마나 큰 차이가 있겠는가. 안 그런가?

시간을 어떻게 느끼느냐에 따라서 시간을 대하는 태도도 달라진다. 시간의 소중함을 느끼는 사람은 시간의 의미를 뼈저리게 알기 때문에 매일 아침에 자리에서 일어날 때면 이렇게 다짐한다.

"오늘 하루도 보람 있는 일을 하면서 열심히 살아가야지. 분명히 기분 좋은 즐거운 하루가 될 거야."

하지만 하루가 죽을 만큼 지루하고 따분한 사람은 아침에 자리에서 일어날 때면 이렇게 읊조린다.

"지겨운 하루가 시작되는군, 아휴~ 오늘은 또 얼마나 힘든 하루가 될까. 어떻게 긴 하루를 보내지."

그대는 과연 어떤 사람이 자신의 인생을 알차게 꾸려나 갈지 예상되지 않는가.

그대 앞에 정말 꿈에서라도 만나고 싶지 않은 인생의 장해물들을 만나게 되더라도 그대가 오늘의 이 시간들을 알차게 보낼 수 있다면 얼마든지 다가오는 장해물들을 극복해낼 수 있을 것이다.

오늘의 1분이 미래 그대의 위치를 결정짓는 가장 중요한 관건이 된다는 사실을 기억하라.

자신이 원하는 꿈을 위해 오늘의 1분을 투자한다면 1분이 모여 하루가 되고 하루가 모여 일 년이 되고 일 년이 모여 꿈을 이루는 튼튼한 토대가 이루어지게 되는 것이다. 강물보다 더 빠른 속도로 시간은 흘러가고 그 속도에 비례해서 우리는 성장하고 노화되어 간다. 한정되어진 시간 속에서 기적처럼 주어진 자신의 삶을 사랑한다면 지금 이 순간을 위해 순수한 열정을 기울여야 할 것이다.

제 8 장

이해하며 살아가라

우리는 단 한순간도 이해와 무관한 삶을 살아갈 수가 없다. 이해의 영역을 넓히지 않고서는 이 세상을 온전히 살아갈 수 없기 때문이다. 안전한 집을 나와 길을 나서서 걸어가는 것 자체도 이해를 필요로 한다. 도로와 인도의 구분에 대한 이해가 없다면 우리는 자동차가 달리는 차도 속을 거침없이 걸어가다가 교통사고를 당하고 말 것이다. 이해력이 부족한 인간은 인생의 낙오자로 전락하고 사람들에게 외면을 받으며 몰락하고 말 가능성이 짙다.

왜 이해하는 일이 중요한가.

세상의 모든 것들은 이해를 바라고 있기 때문이다. 사람들은 다른 이들이 자신을 이해해주기를 바란다. 이해를 해준다는 것은 있는 그대로 상대방을 인정해준다는 것과 같은 말이다. 그의 존재를 인정해주고 그가 하는 일을 인정해주고 그가 생각하는 것들을 인정해주는 것이 바로 이해다. 인생의 지혜를 온전히 터득하기 위해서는 이해의 폭을 넓혀야 한다. 좁은 길에는 작은 차만 다닐 수 있고 넓고 큰 길에는 크고 작은 온갖 차들이 공간의 자유를 만끽하며 신나게 쌩쌩 달릴 수 있듯이 그대가 좁고 작은 이해의 마음을 지니고 삶을 산다면 작은 성공과 작은 행복만 초라하게 곁에 머물게 될 것이고, 크고 넓은 이해의 마음을 지니고 산다면 크고 평온한 행복이 머물게 될 것이다.

이해의 중요함을 이해하라

누구나 골치 아픈 일을 붙들고 아웅다웅 괴롭게 살기보다는 편안하고 여유로운 마음으로 일상을 즐기며 살기를 원한다. 또한 어려운 인생문제를 푸느라 밤잠 못 이루며 머리카락이 빠지도록 번뇌하기보다는 보다 쉽게 문제들을 해결하기를 원한다. 그러나 이해의 폭이 넓지 않은 다수의 사람들이 사회를 구성하고 있으므로 우리의 삶에는 늘 보이지 않는 소통 부재의 장벽이 가로막혀 있을 수밖에 없다.

삶을 포기하거나 꿈을 포기하거나 사랑을 포기하거나 무엇인가를 포기한다는 것은 그것에 대해 이해하기를 포기하는 일이 선행된 다음에 나타나는 부정적인 결과물이다.

그대가 'A'라는 사람과의 관계를 포기한다는 것은 'A'라는 사람에 대해 더 이상은 이해하려는 일을 하지 않겠노라는 무언의 선언이며 'B'라는 일에 대한 관심과 열정을 포기한다는 것은 'B'라는 일에 대해 이해하고 면밀하게 사고하기를 더 이상 하지 않겠다고 세상과 자신에게 공표하는 것과 같다.

이해심이 부족한 것은 환경 탓도 아니고 운명 탓도 아니며 행운이 비켜 가버린 비운의 탓도 아닌 바로 자신의 의지와 이해 부족의 탓임을 명심하라.

이제 그대는 현명한 인생의 연금술사가 되어 자신의 인생을 스스로 헤쳐 나가야 한다. 그러기 위해서 그대에게 요구하는 것이 있으니 그것은 바로 세상의 모든 것들을 폭넓게 이해하는 것이다. 그렇다면 어떻게 누구를 무엇을 구체적으로 이해해야만 할 것인가.

나는 그대에게 내가 살아온 시간 동안 깨닫게 된 인간에 대한 이해의 이야기들을 알려줄 것이다. 이해하고 이해받는 것은 인간과 인간이 맺고 있는 윤리적이며 포괄적인 개념을 지닌 공공의 약속이다. 함께 어울려 세상을 살면서도 서로 한 치의 양보도 없이 이해해주지 않는다면 세상은 아비규환의 아수라장이 될 것이 뻔하다.

어떤 점원은 장사가 예전처럼 되지 않아 월급을 못 올려주는 것을 안타까워하는 사장의 마음을 이해하지 못하고 월급을 적게 준다며 눈치 없이 투덜대고, 어떤 사장은 몸이 아

파서 본의 아니게 출근시간 보다 늦게 나온 점원을 째려보며
게으르고 불성실한 직원이라고 단정해버리게 되는 것은 서
로를 이해하고 싶은 마음이 결여되었기 때문에 생기는 현상
이다. 선생님은 학생의 학업성적이 떨어지면 학생의 입장에
서 이해하여 성적이 향상할 수 있도록 따뜻하게 지도하기보
다는 자신의 입장에서만 학생을 섣불리 판단하고 이리저리
저울질하며 훈계하고 혼내고, 학생은 선생님의 입장에서 자
신이 이런 행동을 하면 얼마나 난처한 입장이 되실까 생각하
기보다 오로지 자신 위주로 생각해버리고 행동함으로써 서
로간의 소통의 길이 꽉 막혀버리는 것이다.

　이와 같이 이해를 한다는 것은 인간이 살아가는 세계에
서 너무나 커다란 영향을 미치는 중요한 일이다. 이해심이
풍부한 사람은 많은 사람들에게 뜨거운 땡볕을 피하게 하는
나무그늘처럼 시원하고 편안한 느낌을 주고 고마운 존재가
될 것이지만 이해심이 없는 사람은 사람들에게 바늘방석에
앉은 것 같은 불편하고 거북한 느낌을 주고 원망스럽고 꺼리
고 싶은 존재가 될 것이다.

　그대에게 이해받은 누군가는 행복한 감정을 느낄 것이
다. 왜냐하면 이해받는 순간이 인간에게는 자신의 가치를 인
정받는 보석 같은 삶의 순간이기 때문이다. 이해의 세계는

행복한 마법이 펼쳐지는 환희의 세계이다. 자, 이제 나와 함께 신비한 이해의 세계로 떠나보자.

인간을 이해하라

　인간은 무엇인가를 믿고 그것에 의지하면서 자신의 불안한 마음을 위로받고 싶어 하고 안전한 곳에서 안락한 쉼을 얻고자 하는 본능적인 마음이 있다.

　어느 화사한 오월의 정오. 햇살은 교회의 붉은 첨탑 위에도 머물고 사찰의 고요한 앞마당 위에도 머물고 점집의 펄럭이는 색색의 깃발에도 차별 없이 머문다. 햇살이 머뭇거림이나 이해타산을 따지지 않고 기꺼이 자신의 금빛 영혼을 온 세상 곳곳에 빠짐없이 뿌려주듯이 인간의 섬세한 영혼도 끊임없이 여기저기 이곳저곳의 세계를 기웃거리고 있다. 우리는 그것을 삶이라고 부른다.

　인간은 원래 매우 단순하고 명쾌한 존재였다. 갓난아기를 보라. 얼마나 단순하고 명쾌한 존재인가. 금방이라도 꽃

봉오리가 벌어질 것처럼 탱글탱글한 모습으로 어른들을 매료시키는 우윳빛 피부의 갓난아기는 자신이 먹을 분유가 몇 통이나 현재 남아 있는지 굳이 고민하지 않는다. 또한 분유의 성분 속에 인체에 유해한 물질이 함유되어 있다는 식약청의 발표나 뉴스에도 소스라치게 놀라거나 동요하지 않는다. 분유가 내일이면 당장 바닥이 드러난다고 해도 굳이 엄마를 불러 자신의 처우에 대한 개선을 조목조목 따져가며 언성을 높여 요구하지 않는다. 아기는 달콤하고 온화한 미소를 방긋거리면서 엄마나 분유회사의 양심에 맡기는 일을 너그럽게 선택한다.

그렇지만 지금은 어떤가. 매일 숨이 턱에 차오르도록 헐떡이며 시간에 쫓기고 숱한 사람들에게 이런저런 상처를 받으며 일어나길 바라지 않았던 사건들에 의해 자존심이 갈기갈기 훼손되는 아픔을 느끼고 있다. 원래는 숲의 공기처럼 지극히 맑고 단순명료했던 인간의 영혼은 세밀하게 쪼개져 가고 더 세밀하게 해체 분해되어 가면서 가까스로 이 세상이 원하는 삶에 적응해가고 있는 것이다.

이해 가운데 인간에 대한 이해가 가장 먼저 선행되어야 하는 것은 갈수록 황폐화되어가는 인간성을 이해의 시각으로 바로보아야만 하기 때문이다. 그대를 둘러싸고 함께 어우러져 살아가는 모든 이들과 진심으로 어울리며 교감하기 위해서 꼭 선택해야만 하는 과제가 바로 인간에 대한 이해이다.

왜 인간은 교감하며 이해하고 살아야 하는가.

인간과 인간 사이에는 커다랗게 벌어진 틈이 있다. 그 틈의 양 끝에 매달려 있는 것은 서늘한 감정의 대립이다. 상상할 수 없을 만큼 광대하고 커다란 그 틈은 한 번 빠지면 다시는 되돌아 올 수 없을 만큼 강력한 흡입력으로 방심한 인간들의 정신을 빨아들인다. 그 곳에 빠지면 누구나 예외 없이 불행한 삶으로 직행한다는 공포의 구간이 있다. 인간과 인간 사이에 있는 그 갈등의 공간.

그러나 다행스럽게도 인간에게는 그 갈등의 공간을 채워줄 수 있는 방법이 이미 존재하고 있었다. 일찍이 그 누구도 인류에게 그 방법을 알려주지 않았지만 인간 스스로 깨우치고 찾아낸 그 요소는 바로 마음과 마음이 주고받는 따뜻하고 의미 있는 생각들이다. 그 생각들이 모여 인간 사이에 존재하는 갈등의 공간을 메워주는 역할을 한다. 그러므로 인간의 아픔과 고통과 슬픔을 치유하기 위해서는 누군가와의 갈등을 해소하기 위한 소통과 이해의 과정이 간절히 필요한 것이다. 인간 사이의 갈등의 공간은 초기에 발견해 정성들여 치료해주지 않으면 어떤 최첨단 의학으로도 고칠 수 없는 죽음을 부르는 악성세포처럼 그것들은 순식간에 자가 증식해서 인간의 삶을 나락으로 떨어지게 만든다. 그렇다면 공포의 그 공간을 어떤 것들로 채워나가야 할까.

그것의 시작과 끝을 모두 이야기해주는 것이 바로 교감이다. 사람과 사람 사이에는 온정이 있는 교감이 필요하며 그렇지 못한 삶을 살아가는 것은 무인도에 홀로 고립되어 평생을 고독하게 살아가는 것보다 더 쓸쓸하다는 것을 기억하라.

명쾌하고 단순하며 청초한 영혼을 다시 되찾기 위해서도 우리는 서로의 마음속에 은밀히 감춰진 삶의 생채기를 자발적인 의지로써 들여다 볼 줄 알아야 한다. 누군가의 마음속을 진정어린 마음으로 들여다보는 것이 이해의 시작이다.

여러 개의 단추가 달린 블라우스를 입을 때 첫 단추를 잘못 끼우면 그 아래 단추들이 볼썽사납게 모조리 어긋나는 것처럼 이해에도 순서가 있다. 모든 이해의 선두에는 인간에 대한 이해가 초연히 자리 잡고 있다. 그대 앞에는 지금 수천갈래의 이해의 길이 메두사의 머리처럼 어지럽게 펼쳐져 있을 것이다. 인간에 대한 이해는 그 어떤 것보다도 더 절실하다.

그대는 항상 타인을 이해하기 위해 노력하라. 그대가 그대의 인생을 사랑한다면 다른 사람을 이해하여야 한다. 그래야만 그대의 인생이 행복해질 수 있기 때문이다. 인간의 삶은 늘 타인과의 교류가 필요하다. 고립된 자아는 폐쇄적인 형질을 띠게 될 수밖에 없으므로 인간은 타인과 소통해야 하는 것이다. 소통의 근본이 서로 이해하기 위해 노력하는 것이 아니겠는가.

그대가 그를 이해해주지 않는다면 그는 어떻게 변할지 모른다. 이해받지 못한 그가 오늘 극한 슬픔에 빠지고 돌이킬 수 없는 절망에 휩쓸려서 그대를 외면하고 저 먼 곳으로 사라져갈 수도 있다는 것을 명심하라.

한 사람을 진심으로 이해해준다는 것은 그의 인생에 잃어버렸던 미소를 되찾아 줄 수 있는 것과 같다.

의지에 대해 이해하라

　인류가 살고 있는 빛 고운 행성 지구 위에는 다양한 가치관과 세계관을 가진 무수한 인간들로 늘 북적인다. 어떤 곳은 인구가 너무 많아 정부에서 출산을 자제시키려는 정책을 필사적으로 펼치기도 하고 또 어떤 곳은 너무나 가난하고 미개하여 피임하는 법을 몰라서 되는 대로 출산하는 바람에 대책 없이 인구가 기하급수적으로 늘어나고 있기도 한다. 반면 어떤 곳에서는 국가를 구성할 인구수가 턱없이 부족해서 아이를 한 명이라도 더 낳으라고 출산 장려금에 각종 솔깃한 혜택을 주어 열심히 독려하고 있질 않은가. 우리나라도 점차 그러한 나라가 되어 가고 있으니 안타까운 일이 아닐 수 없다. 한 나라의 인구수가 너무 많거나 적으면 국가를 유지하고 번창하는데 결정적 장해요소가 된다.

이러한 현상에서 우리는 한 가지 진리를 자연스럽게 터득하게 된다. 그것은 바로 무엇이든 너무 지나치거나 모자라는 것은 좋지 않은 결과를 초래한다는 사실이다. 아주 쉬운 예로 밥을 너무 많이 먹으면 과식으로 소화가 안 되어서 배앓이를 하는 고생을 하고 그렇다고 아예 밥을 굶으면 허기가 져서 견딜 수가 없질 않은가. 뭐든 지나치면 건강에 해로울 뿐만 아니라 정신적으로도 큰 폐해를 가져올 수 있는 것이다.

인류는 생명의 근원인 우주의 품 안에서 태어나고 죽고 다시 태어나고 죽으며 유구하게 인류사를 연장되어 오고 있다. 그러나 인간의 삶이 단순히 태어났다가 홀연히 죽기만 하는 단조로운 동물의 역사였다면 만물을 지배하는 영장이 되기는 고사하고 공룡 시대 공룡들의 지배를 벗어나지 못했거나 호랑이나 코끼리 등 맹수들의 공격을 눈치를 보면서 피해 다니며 그들이 먹다 남긴 고깃덩어리나 열매들을 주워 먹으면서 쓸쓸히 목숨을 연명하고 있을 지도 모를 일이다.

그러나 인간은 이 지구상에 나타난 이후 그저 먹고 살기 위해서 숲과 들판에 나가 마냥 사냥만 하거나 열매를 따먹으며 멍청하게 세월을 보내거나 발정이 나면 본능에 충실해 헐떡이며 짝짓기를 하다가 오직 종족번식을 위해 새끼를 낳고 일정한 시간이 되면 아무런 성과 없이 늙어서 죽는 허무한 존재이기를 단호히 거부했다. 인간은 스스로 고난의 시기를 슬기롭게 이겨냈으며 다른 동물들은 상상도 못할 놀라운 지혜로써 지구의 구석구석을 정성들여 일구고 다스리며 지금까지 옹골지게 살아남았다.

지금 이 땅 위의 믿기지 않을 만큼의 위대한 문명은 좀 더 깨인 어느 개인의 의지로부터 시작되었고 그 사상이 확산되고 승화하며 지금까지 유지될 수 있었던 것이다. 그러나 모든 인간이 그러한 놀라운 예지 능력과 의지력을 지니고 살아가는 것은 아니다. 여기 두 가지 종류의 인간이 있다.

첫 번째 인간은 타인의 의지대로 사는 인간이다.

우리의 일상생활에 그림자처럼 때로는 진하게 사귄 질긴 인연의 애인처럼 줄곧 따라다니며 함께하는 것이 있다. 어떤 사람은 눈을 뜨자마자 그것을 붙잡고 텔레비전이나 오디오를 켜고 어떤 사람은 잠들기 전까지도 그것을 손에서 놓지 않고 잠이 들기도 한다. 그것은 무엇일까. 바로 리모컨이다. 리모컨에 의해 텔레비전은 시키면 시키는 대로 이 채널 저 채널을 여과 없이 보여주고 오디오는 오디오의 특성대로 이 음악 저 음악을 수시로 들려준다.

텔레비전이나 오디오는 자신의 신념에 기초한 강인한 의지가 아닌 오직 리모컨을 손에 쥔 인간의 의지에 의해 타의적으로 움직이고 있는 중인 것이다. 그런데 인간들 중에도 리모컨의 지시에 의해 움직이는 텔레비전이나 오디오처럼 세상을 살아가는 사람들이 있다. 자신이 스스로를 제어하고 이끌어 갈 수 있는 충분한 능력을 지닌 존재라는 사실을 망각하고 누군가의 의지에 의해 허수아비처럼 살아가고 있는 사람들이 얼마나 많은지 그대는 아는가.

인간이란 존재는 자신의 의지에 의해 살아가야 행복해지는 존재이다. 그러나 자신이 그러한 존재임을 간파하지 못한 그들은 타인에게 기대고 타인의 생각에 의해 무엇인가를 결정하는 것을 차라리 즐기며 살아간다.

스스로의 자아 통제력을 상실한 채 누군가에게 의지하고 그렇게 살아가면 사는 게 아주 간단하고 속편해진다. 잘못된 인생의 결과물이 생긴다면 그 일을 시킨 타인에게 모든 원인이 있었다고 치부해버리면 그만이기 때문이다. 그래서 하천 바닥을 숨어서 기어 다니는 미꾸라지처럼 삶의 오명으로부터 이리저리 빠져나가기가 아주 손쉬워진다. 그렇지만 그렇게 살아가는 사람은 한 가지 사실을 간과하고 있다. 그것은 자신이 최고의 지성을 부여받은 경탄스러운 존재, 인간이라는 사실을 까마득히 잊어버리고 있는 것이다. 얼마나 통탄스러운 일인가.

타인의 의지대로 시키면 시키는 대로, 하라면 하라는 대로 바람에 줏대 없이 흔들리는 잡초처럼 이리저리 휘둘리며 살아가면 처음 얼마간은 모든 구속과 책임으로부터 훌훌 벗어난 것처럼 가뿐하고 편할지 모르지만 조금만 더 그런 굴욕적인 상태가 지속되어 가다보면 본래 지니고 있던 총명함은 뿌옇게 흐려져서 영원히 사라지고 인간으로서 본래가치마저 점차 상실하게 되는 것이다.

'너는 정말 가치 없는 인간이야.'

나는 이 말을 세상에서 가장 모욕적인 말이라고 생각한다.

물건 하나하나에도 저마다의 가치를 정하는 가격이 매겨져 있다. 그 물건의 고유가치인 것이다. 가치 없는 물건은 당장 쓰레기통에 직행하는 것이 정해진 수순이다. 타인의 의지에 의해 자신의 삶을 조종당하면서 살아간다는 것은 가치 없는 인간이 되고자 하는 것과 같다.

자신이 얼마든지 할 수 있는 일을 남에게 의지하는 것은 자신의 능력을 일찌감치 포기하는 것이다.

스스로 해낼 수 있는 일들은 어떤 일이 생겨도 그대 스스로 하라. 다른 사람에게 의존하는 마음은 어릴 적 어머니 품에서 재롱 피우던 귀염둥이 시절에나 아름다운 일이다. 이제 그대는 어엿한 이 사회의 일원이므로 누군가에게 의지하려고 하지도 말고 누군가의 악의적인 꼬임에 어이없게 넘어가서 자신의 인생을 무책임하게 방치하거나 내맡겨서도 안 된다. 타인의 의지에 의해 속 편히 살아가고 싶다는 유혹이 생겨도 그것을 뿌리칠 수 있어야만 자신의 꿈을 실현시킬 수 있으며 자신의 삶을 컨트롤 할 수 있는 참된 지혜가 생긴다. 그대 인생의 관리자는 바로 그대 자신임을 잊지 말라. 자신을 사랑하는 사람은 결코 자신의 꿈을 타인에게 맡기는 그런 선택을 하지 않는다. 왜냐하면 그는 사람답게 사는 것은 타인의 의지가 아니라 자신의 의지에 의해 무엇인가를 스스로 결정하는 삶이란 걸 잘 알고 있기 때문이다.

그대는 언제나 스스로의 의지에 의해 살아갈 것임을 선택해야 한다. 타인의 의지에 의해 사는 인간은 행복해지거나 삶의 보람을 느낄 수 없다.

두 번째 종류의 인간은 자신의 의지대로 사는 인간이다.

그는 푸르른 열망의 초원 위를 힘차게 달리는 무소의 뿔보다 더 굳센 의지를 지닌 사람이다.

그대가 지금까지 그러한 욕망의 소유자가 아니었다면 그대의 삶은 어쩌면 한없이 미적지근하고 지루하며 심지어는 산만했을 것이라고 나는 서슴없이 말할 수 있다. 왜냐하면 자신의 의지대로 살지 않는 사람의 일상은 늘 나사 빠진 로봇처럼 헐렁하고 덜그럭거리기 마련이기 때문이다.

자신의 의지대로 살지 않는 사람은 공부를 하고 있을 때도 덜그럭거리는 소리가 나고 집안 일을 하고 있을 때도 덜그럭거리는 소리가 나며 운전을 하고 있을 때도 덜그럭거리는 소리가 난다. 친구들과 모처럼 여행을 가도 뭔가가 갈급한 덜그럭거리는 소리는 이어지고 사랑하는 연인과 데이트를 하고 있을 때도 덜그럭 덜그럭거리고 일터에 앉아 일을 하고 있어도 덜그럭거리는 소리는 멈추질 않고 더 집요해지고 요란스러워진다. 그런 사람은 대체로 어딘지 모르게 무엇인가가 부족해보이며 금방이라도 옆으로 기울어버릴 것 같은 기우뚱한 전봇대처럼 아슬아슬해 보이기도 하여서 그를 바라보는 사람들은 그의 미래가 걱정스러워질 수밖에 없다.

다른 사람들에게 걱정을 끼치는 삶은 실패한 삶의 대표적인 유형이다. 그러므로 그대는 타인에게 걱정을 끼치는 사람이 되지 말고 다른 사람의 근심과 걱정을 덜어줄 수 있는 사람이 되어야 한다. 그렇게 하기 위해서는 자신의 가치관과 의지에 의해 인생을 살아가야 한다. 그래야만 누군가를 포용하고 위로하며 따스하게 보듬어줄 수 있는 넓은 가슴이 생성될 수 있기 때문이다.

자신의 의지에 의해 살아가는 사람은 공부를 하고 있을 때도 한 치의 흔들림이 없고 집안 일을 하고 있을 때도 사뭇 의연하기까지 하며 운전을 하고 있을 때도 남다른 격조가 있고 단아하다. 그래서 그의 행동 하나하나를 바라보는 사람의 눈을 맑게 정화시켜주기까지 한다. 이 얼마나 고고하고 아름다운 삶인가!

그대는 스스로의 의지에 의해 살아가겠노라고 스스로 굳게 맹세하라. 자신의 손을 뜨거운 심장이 뛰는 왼쪽 가슴에 얹고 다짐하라. 어떤 일이 있어도 나는 타인의 의지에 의해 살아가는 어리석은 삶을 살지 않겠노라고.

굳센 의지력을 갖춘 그대라면 도저히 감내해낼 수 없을 것 같은 고통도 혼자 힘으로 겪어낼 수 있어야 한다. 누구에게도 그 고통을 덜어달라고 처량하게 애걸하지 말라. 부모님도 친구도 이웃도 내 인생을 대신 살아줄 수 없다. 그러므로 그대는 자신의 인생에 대한 책임의식을 기꺼이 스스로 지녀야 한다. 울고 싶어도 내 인생이지 않은가. 다시는 되돌아오지 않을 내 인생, 한 번뿐인 유일한 인생이다.

자신의 의지로 살아가는 사람은 사리분별이 정확하고 예절이 바르고 모든 생명체들에게 경외심을 가지고 있기 때문에 다른 사람들로부터 사랑받고 항상 필요한 친구로서 가치 있는 존재로서 인정받게 될 것이다. 또한 그는 타인에게 의지해서는 그 어떤 진정한 성공도 이룩할 수 없다는 진리를 깨닫고 있는 지혜로운 사람이다.

자식을 올바르게 성장시키고 싶은 부모라면 자식이 스스로의 의지대로 살아가도록 이끌어주어야 함을 명심하라.

엄마는 아이에게 숙제를 해야 한다는 것을 귀찮을 정도로 채근하기보다는 어쩌다 한 번씩 상냥하게 환기시켜주기만 하면 된다. 마치 자식의 문제를 모두 책임진 투사마냥 총대를 메고 아이의 숙제를 엄마가 책임질 필요는 전혀 없다. 아이의 숙제는 아이의 것이라는 것을 명심하라.

냉정한 말처럼 들리지만 이 원칙이 인생의 진리이다. 아이의 숙제를 대신 해주는 것이 사랑이라고 생각하는 행위는 배불러서 더 먹으면 토할 것 같은 소의 입을 벌려 자꾸만 여물을 몰아넣어주는 가학적인 행위와 같다. 소의 입장에서는 더 이상 억지로 먹여주는 먹이가 필요하지 않다. 오히려 전신을 가두었던 우리에서 풀어 자유롭게 놓아주면 제가 알아서 싱싱한 풀을 뜯어먹으며 건강하게 잘 자랄 것이다. 자신의 자녀에게 하늘과 땅 사이를 누비는 바람의 자유를 만끽하게 하라. 그러면 아이는 서서히 자신의 의지대로 살아가는 방법을 터득하게 될 것이다.

자기스스로의 의지. 이것은 역사상 가장 위대한 인물들을 위대한 인물의 반열에 오르게 한 숨은 원동력이며 인간을 세상을 지배하는 최상의 존재로 부각시킨 남다른 자원이라고 할 수 있다.

마음에 대해 이해하라

인간을 객관적인 입장에서 분류해서 바라본다는 것은 식물이나 동물을 뼛속까지 세분화하여 그 내부를 현미경으로 굳이 들여다보는 일처럼 고통과 거부감을 수반할 수 있는 일이다. 겉으로 보기에 멀쩡했던 모습이 여과 없이 드러나기 때문이다. 예전의 생기 있는 모습을 잃고 덧없이 해체되어버린 풍경을 바라보는 일은 참으로 어이없고 난감한 일이 아닐 수 없다.

우리는 그런 상황을 애써 외면하며 사물의 겉모습을 바라보며 판단하고 이해하고 살아가고 있다. 그런 겉모습을 일부러 분해시켜서 그 슬픈 잔해들을 주시하는 일이 한편으론 잔인하게 생각될 수 있지만 필연적으로 해야 하는 일이다.

왜 우리는 인간을 분류해보아야만 하는가. 사물을 이해

하기 위해서는 그 실체를 알아야 한다. 인간의 실체에 접근하기 위해서 나는 그대에게 인간을 여러모로 분석한 나의 깨달음들을 이 책을 통해 들려주고 싶은 것이다.

좀 더 타인을 사랑하고 싶다면 인간을 다양한 각도에서 바라보고 이해해야 한다. 좀 더 자주 타인에게 온정의 손길을 내밀어주고 싶다면 인간의 종류에 대해 알아야 할 것이다. 그런 이유로 이제 우리는 마음에 의한 인간분류를 해보아야만 한다.

그대의 기억 속에 남아있는 따뜻했던 누군가를 떠올리면 평온한 고향집 아랫목에 근심 없이 앉아 어머니가 주시는 구수한 숭늉을 받아 마시는 것처럼 마음이 훈훈해진다. 그러나 마음이란 명사 앞에 어떤 형용사가 붙느냐에 따라 극과 극의 느낌이 교차한다.

인간은 사물을 여러 각도에서 바라볼 수 있다. 그만큼 인간의 마음은 이해하기가 난해하며 거부감 없이 수용하기가 벅찬 것이기도 하다. 그렇다면 어떤 마음을 지닌 사람들이 서로서로 어울려서 이 세상을 살고 있는지 살펴보자.

첫 번째 인간은 '향기로운 마음을 지닌 인간'이다.
우리는 상쾌한 아침 공기를 좋아한다. 또한 아름다운 자태로 피어난 꽃잎들의 향긋한 향기를 맡으면 스르르 행복해진다. 왜 그럴까.

인간의 후각은 자기가 원한다고 해서 한 가지 특정한 향기만 선별하여서 냄새를 맡을 수 없다. 맡고 싶지 않아도 후각을 통해 갖가지 냄새를 맡으며 산다. 아침에 눈을 뜨면 밥솥에서 피어나오는 엄마젖 냄새 같은 보들보들한 밥 냄새를 맡고 세수를 하려고 욕실에 들어가서는 풋풋한 치약 냄새 비누냄새를 맡고 화장을 할 때는 갖가지 인공향료가 섞인 알싸한 화장품냄새를 맡고 출근하거나 등교하기 위해 집을 나서면 자동차들이 내뿜는 매캐한 배기가스 냄새를 맡고 회사나 학교에 가서는 친구들의 냄새, 동료들의 냄새, 콘크리트 건물 내벽에서 배어나오는 딱딱한 질감의 냄새를 맡는다.

세상의 모든 냄새!

그렇다. 사물에는 각자 고유한 냄새가 있다. 그리고 우리는 향기로운 냄새를 좋아한다. 그대 또한 향기로운 냄새를 맡고서 빙그레 미소가 피어난 적이 있었을 것이다. 향기로운 냄새가 나는 아기의 보드라운 우윳빛 볼에 얼굴을 가까이 해보면 어떤 악인도 살며시 미소를 짓게 될 것이며 향기로운 냄새가 나는 아카시아 꽃그늘 아래에 무연히 앉아 있노라면 냉정한 사람이라도 세상을 향해 긍정적인 눈짓을 보내게 될 것이다. 이렇듯 인간 또한 각자 고유의 냄새를 지니고 있다. 어떤 사람은 내장이 뒤틀릴 것 같은 역겨운 악취가 나는가 하면 어떤 사람은 영혼을 맑게 순화하는 아름다운 향기가 난다.

그대가 함께 어울리고 싶은 사람은 어떤 사람인가.

어느 누구라도 고운 향기가 나는 고운 마음의 사람에게 끌리게 되어 있다. 그것은 마치 식물이 햇살이 비추는 쪽으로 기울어지는 것과 같은 이치이다. 향기로운 마음을 지닌 인간은 타인을 행복해지게 만들기 위해 일부러 애쓰지 않아도 자신과 접촉하는 모든 것들에게 행복한 느낌을 건네준다.

2500여 년 전의 철학자인 소크라테스는 "요즘 젊은이들은 예의범절이 없으며 무질서하다"고 한탄했다고 한다. 몇백 년 전의 지식인들 역시 자신들이 살고 있는 세상의 타락을 한탄했었다. 지금의 세상은 그 옛날 지식인들이 한탄했던 그 때보다 조금은 더 썩고 조금은 더 오염되어 있다고 해도 과언이 아닐 것이다. 이처럼 불가피하게 썩어 있는 세상에서 한 줄기 빛과 같은 존재로서 절대적으로 필요한 것이 바로 향기로운 마음을 지닌 인간이다.

향기로운 마음을 지닌 인간은 맑고 청아한 동정심이 있는 인간이다. 그런 사람은 타인을 바라볼 때 겉으로 드러난

배경과 행동만 보지 않고 그의 내면의 아픔과 슬픔과 고독까지도 들여다 볼 줄 아는 깊은 시선을 가지고 있기에 언행이 신중하다.

반면 세상에는 얼음과 같은 차가운 마음의 인간들은 도처에 부지기수로 널려 있다. 어쩌면 그대 또한 차가운 마음을 지니고서 살아오고 있었는지도 모른다. 그러기에 그대는 애틋한 동정심을 품으며 향기로운 마음을 지닌 인간으로서 거듭나야 할 것이다.

꽃들은 주체할 수 없을 만큼 찬란한 향기를 내뿜으며 한정된 시간을 화려하게 피어 있다가 결국 어느 날엔가는 마르고 퇴색한 채 땅 위에 떨어져 그 생애를 다하고 말 것이지만 향기로운 마음을 지닌 인간은 결코 그처럼 덧없이 시들지 않으며 영원토록 세상을 순수한 상태로 정화시켜줄 수 있다. 인간은 죽어서도 향기로울 수 있는 존재이기 때문이다. 인간에게는 영혼이라는 보이지 않는 가치가 존재하고 있음을 기억하라.

향기로운 마음을 지닌 사람은 지금도 세상에 이로운 향기로운 마음을 퍼뜨리고 있는 중이다. 그들은 지금도 훌륭한 일들을 역사의 지평 위에서 묵묵히 이룩해나가고 있다. 이 땅을 보다 더 살기 좋은 곳으로 만들고 인간의 깨지고 패인 상처에 치유의 연고를 발라주는 일이 바로 그것이다. 자신의 영혼 속에 죽어서도 변하지 않을 향기로운 마음을 지니는 것이 향기로운 사랑의 마음이다.

두 번째 종류의 인간은 '무관심한 마음을 지닌 인간'이다. 무관심은 인간에게 가장 큰 상처를 남기는 일 중의 하나이다. 현대 시대의 노인들은 늙고 병들어서 몸이 아픈 것보다 사랑하는 자식들의 무관심과 믿어왔던 사회의 무관심에 더 많이 상처 받고 외로워하며 근근이 살아간다. 하물며 식물도 본 체 만 체하면 무관심에 지쳐서 일찌감치 생명 유지에 대한 의욕을 잃고 시들어버리고 동물도 무관심에는 소외감을 느끼고 갖은 구애로써 애정을 갈구하기 마련이다. 창조주인 신은 인간이 서로가 서로를 위해주고 아껴주며 살라는 뜻으로 인간을 혼자가 아닌 여럿으로 만들어 놓았을 것이다. 다행히도 향기로운 마음을 지닌 사람들은 타인에 대한 관심의 촉수를 뻗어 다른 사람들을 살펴보면서 살아간다.

무관심한 마음을 지닌 인간은 과장을 조금 보태면 얼굴을 드러내지 않는 베일 속의 살인자와 다름없는 냉혈한 인간이라고 할 수 있다. 연쇄살인범이나 어린이를 유괴 살해한 끔찍한 범인들을 보면서 우리들은 고개를 절레절레 흔들고 치를 떤다. 어떻게 인간의 탈을 쓰고서 저럴 수가 있단 말인가.

하지만 어찌 보면 그들에게 조용히 협조한 것이 나 자신일지도 모른다는 생각을 할 때가 있다. 왜냐하면 사회적 약자이며 정신적 열등생인 그들에게 무관심했기 때문에 범죄를 사전에 예방할 수도 있는 좋은 기회를 놓쳤던 것인지도 모를 일이기 때문이다. 조금만 더 그들에게 관심을 기울였다면 고독과 소외감에 진저리치던 그들이 자신들의 불만을 세상을 향해 표출하지 않았을지도 모를 일이지 않았을까.

나는 그대에게 좀 더 주위에 관심을 가지라고 진심으로 부탁하고 싶다. 오늘은 이 세상에 무슨 일이 일어나고 있는지, 이웃들에게는 어떤 도움이 필요한지, 친구에게는 요즘 어떤 고민거리가 있는지, 가족에게는 어떤 일들이 벌어지고 있는지를 아주 조금만 더 관심을 갖고 지켜보아 주는 것이다.

무관심한 마음을 지닌 인간이 되는 길은 정말 아주 쉽다. 세상에 무슨 일이 벌어지든 말든, 타인에게 무슨 일이 생기든 말든 나와는 별 상관없는 일이라며 모른척하며 시치미 뚝 떼면 되는 것이다. 가속화되어가는 지구온난화로 남태평양의 어느 평화로운 섬나라가 국토를 포기할 만큼 바닷물에 안타깝게 잠겨간다고 해도 나는 아무런 동요없이 더 빛나고 윤기가 흐르는 머리 결을 뽐내기 위해 욕실 거울 앞에서 스프

레이 통을 들고 쏟아 붓듯이 머리카락에 뿌려주고, 먹을 것이 없어서 며칠 째 끼니를 거르고 있는 가난한 이웃을 외면하고 나는 배가 터지도록 배부르게 먹고도 남아 멀쩡한 음식을 아무런 죄책감 없이 음식물쓰레기통에 거리낌 없이 버리고 있다.

그런데 그대는 알고 있는가. 무관심은 결국엔 다시 되돌아오는 죽음의 부메랑 같다는 것을. 그것도 두 배 세 배로 대폭 증가된 고통을 수반해가지고서 자신에게 되돌아올 것이다.

우리는 모두 무형의 미세한 끈으로 긴밀하게 연결되어 있는 서로에게 꼭 필요한 존재들이다. 그 끈을 이루고 있는 중요한 특질은 본질의 동일성이다. 인간은 모두 같은 종류의 물질과 우주의 신비한 숨결로 만들어졌으며 같은 지구 위에 살다가 누구도 예외 없이 죽음을 맞이한다. 이러한 미세한 본질의 동일성으로 이루어진 끈에 의해 세계인이 하나로 연결되어 있으므로 우리는 아무런 혈연관계가 아닌 사람이라도 얼굴도 이름도 전혀 생소한 사람이라도 뼈아픈 고통을 당하는 모습을 보면 가슴이 아프고 환하게 웃으며 기뻐하는 모습을 보면 흐뭇해지는 것이다.

그대를 둘러싼 사람들을 따뜻한 눈길로 바라보라. 그들

과 그대는 본질의 동일성이라는 길고도 질긴 인연의 끈으로 연결되어 있음을 기억하라.

모든 사람은 살아서는 각자인 듯 보여도 죽어서는 결국 하나가 될 수밖에 없는 어찌할 수 없는 숙명을 지니고 있다. 멋쟁이 옆집 순이 엄마도 술주정뱅이 뒷집 김 씨 아저씨도 한 나라의 막강한 권력을 지닌 대통령도, 톱스타라고 우쭐대는 유명한 연예인도, 가난한 달동네에 사는 병든 오 씨 할머니도 모두모두 하나가 될 운명임을 기억하라. 우리는 이처럼 서로서로가 먼 훗날에는 하나의 커다란 공통된 존재로 귀결되는 운명을 지니고 태어났으며 함께 이 세상을 살아가고 있는 것이다.

우리 모두는 결국 하나의 공통된 존재로 귀결된다는 사실을 깨닫지 못한 채 타인을 무관심하게 대하는 인간이 되어 일생을 살아간다는 것은 애처로운 일이 아닐 수 없다. 왜냐하면 다른 이에게 무관심한 사람은 자신 또한 결코 진심어린 관심을 받을 수 없을 것이기 때문이다. 타인에게 제대로 된 사랑의 시선을 보내주지 못하는 사람에게 어떤 사람이 가슴에서부터 우러나오는 진정 따스한 시선을 보내주겠는가.

인간은 누군가로부터 받은 배려와 관심에 고마움의 감정을 느끼고 그 포근한 감정을 오래 기억하고 싶어 한다. 단 한 번의 따스한 관심을 소중하게 여기고 평생을 마음속에 간직하면서 살아가는 사람들이 얼마나 많은가. 사랑받고 싶다면 먼저 사랑해야 하듯이 관심 받고 싶다면 먼저 내 자신이 다른 사람에게 관심을 보여야만 할 것이다.

지금까지 그대와 나는 무관심한 마음을 지닌 인간에 대해 알아보았다. 그대는 어떤 생각이 들었는가?

나는 그대의 자유의지를 존중하기에 그리고 그대가 무엇에도 얽매이지 않는 바람처럼 자유로운 삶을 살기를 바라기에 무엇을 선택하든 그것은 그대의 자유다. 그대 자신이 지닌 고유의 권한인 자유의지에 의해 그대의 길을 선택하라. 무엇을 선택하든 그것은 그대의 자유다. 하지만 그대가 유념해야할 점은 자신이 선택한 그 무엇으로 인해 세상이 좀 더 아름다워지고 밝아져야 한다는 것이다.

세 번째 유형의 인간은 '우울한 마음을 지닌 회색빛 인간'이다.

낙엽이 우수수 떨어지는 스산한 가을이거나 만물이 소생하는 푸르른 봄날을 가리지 않고 잊을만하면 한 번씩 보도를 통해 들려오는 유명한 사람들의 자살 소식은 우리를 충격에 몰아넣곤 한다. 그러나 너무 많은 이들이 그렇게 우리 곁을 떠나는 지경에 이른 요즘은 누군가 죽었다란 말을 들어도 무덤덤하다. 충격에 충격이 계속 더해지면 일상적인 일이 되어버리는 것일까.

전쟁 중에 있는 군인들은 적군의 주검 앞에서도 맛있게 식사를 할 수 있다. 그것은 엽기적인 일이 아니라 인간의 본능인 생존본능에 의해 충격적인 일마저도 그저 일상 그 이상도 그 이하도 아닌 평범한 일이 되어버리는 까닭이다.

그리 먼 곳을 애써 찾아보지 않아도 가까운 곳에서도 그런 일은 일어난다. 어제까지만 해도 아니 오늘 아침에도 웃으면서 인사를 나누었던 사람이 스스로 목숨을 끊었다는 믿기지 않는 소식이 나를 또다시 깜짝 놀라게 만들곤 한다. 언론에서는 우울증의 증상에 대한 예방법과 자가 진단법에 대해서 연일 뉴스거리를 생산해내고 그것을 시청한 사람들 역시 혹시 나도 우울증에 걸린 건 아닐까 하면서 남몰래 우울증 테스트를 스스로 해보기도 한다.

그렇다면 여기서 슬픔의 원액이 무엇인지 알아보도록 하자. 슬픔의 원액은 슬픔의 진액들이 아름아름 모여서 만들어진 쓰디쓴 감정의 농축액이며 슬픔이 슬픔으로써 그냥 흘러가도록 내버려두지 못하고 슬픔을 움켜쥐고 쥐어짜서 고통으로 변하도록 만들어버리는 번뇌의 산물이다.

만일 그대가 지금 조금이라도 우울하다는 느낌이 든다면 더 이상 고심할 것이 아니라 슬픔이 고통으로 진화되지 않도록 적당한 선에서 기분을 전환시켜야만 우울한 상태에서 벗어날 수 있다. 슬픔을 붙들고서 고민하는 것은 불행이란 반갑지 않은 손님을 적극적으로 나서서 초대하는 것과 같음을 알아야 할 것이다. 그러한 불행한 일을 미연에 방지하기 위해서 기분 전환의 기술을 습득할 필요가 있다.

기분 전환 기술의 핵심은 슬픔을 자유로이 놓아주어서 세월 속으로 유유히 흘러가도록 해주는 것이다. 무엇이든 한 곳에 얽매이면 에너지의 흐름이 멈춰서 병들고 썩기 마련이다. 그 어떤 슬픔도 인간을 비참하게 만들거나 언제까지나 우울하게 만들 수는 없다. 그러나 슬픔에 대처하는 태도에 따라서 운명이 송두리째 바뀔 수가 있음을 명심하라.

오늘도 우울한 마음을 지닌 인간들은 여기저기에서 얼굴 없는 기형의 꽃처럼 피어나고 있다. 그 꽃에는 눈물과 포기란 열매를 맺기 위한 자기 연민, 자아 상실, 의욕 부진, 세상에 대한 원망, 절망감 등이 가지를 내고 무럭무럭 자라가고 있는 중이다. 누군가가 자신을 꺾어주기를 바라는 꽃도 있으며 스스로 목을 움켜쥐고 떨어져 내리는 꽃도 있다.

우울한 마음을 지닌 인간은 숨죽여 신음소리를 내고 있

는 병상의 초췌한 환자와 같다. 보호자도 없는 환자는 간호사들에게 폐를 끼칠까봐 자신의 아픔을 숨긴다. 그대 곁에 있는 그 누군가도 지금 입술을 틀어막고 우울함의 그물에 걸린 채 신음하고 있는 지도 모른다. 혹은 그대가 그런 지경에 놓여 있는 지도 모른다.

　나와 타인은 별개가 아니다. 누군가가 아프면 언젠가는 나도 아플 것임을 명심하라. 그들은 차마 소리 내어 친구나 가족에게 자신을 도와달라고 말하지 못한다. 그들에게는 무언의 규칙이 있다. 만일 이런 우울한 인간들의 보이지 않는 규칙 (아파도 혼자서 끔찍한 외로움을 견뎌내야 하는 규칙)을 어기고 세상에 도움의 손길을 바라다가는 냉소나 조롱을 당하기 쉽다. 뜨거운 불에 살갗이 닿아본 적 없는 사람은 뜨거운 불길에 살이 타들어가는 아픔을 짐작조차 할 수 없다. 슬픔과 절망에 사로잡혀서 우울함의 늪에 빠진 사람의 고통을, 그러한 고통의 시간을 갖지 못했던 사람이 이해할 수 없는 것도 이와 마찬가지인 것이다. 그러므로 그대는 그대 앞에 놓인 고통에게 고개 숙여 감사해야 한다. 그대가 지금 겪는 고통은 훗날 그대에게 닥칠 슬픔을 거뜬히 견뎌내고 타인의 고통을 편견 없이 이해하는 데 가장 소중한 밑거름이 될 자원이기 때문이다.

그대여! 쓰라린 인생의 사건 앞에서 슬픔을 부둥켜안고 계속 속절없이 울고만 있을 것인지. 아니면 오히려 이렇듯 참혹한 시련을 주신 신께 스스로를 돌아볼 기회를 주심에 감사하며 위기를 딛고 더 나은 삶을 향한 여정의 기회로 삼을 것인지에 대해 사유하라.

인생의 연금술을 터득하고자 하는 그대라면 삶의 목적을 잃어버리지 않아야 할 것이다. 늘 우울하고 울적한 사람이 어떻게 타인에게 힘과 용기를 주고 사랑의 씨앗을 퍼뜨리며 세상에 의미 있는 발자국을 남기는 행복한 인생을 살아갈 수가 있겠는가.

걸리면 무엇이든 한 없이 초라하게 만들어버리는 우울함의 그물에 걸리지 않기 위해서 그대는 자신의 꿈이 무엇인지, 자신이 인생을 살아가는 명확한 이유가 무엇인지를 수시로 상기하라. 우울한 마음을 지닌 사람을 보더라도 그들을 낯선 이방인처럼 등한시 여기지 않고 그대가 지닌 행복의 기운을 조금이라도 나눠줄 수 있는 사람이 되고자 애쓸 때 그대의 인생은 더욱 향기로워지고 윤택해질 것이다.

인간의 태도에 대해 이해하라

자, 이제 끝으로 나는 그대와 함께 인간의 태도에 대해 생각해 볼까 한다. 그대와 나는 한 번도 만난 적도 없고 대화한 적도 없으며 메일 한 통 주고받은 적 없는 사이이지만 나는 그대에게 무한한 존경과 사랑을 보낸다. 그대가 수많은 책 중에서 이 책을 선택해서 읽고 있다는 사실이 고맙기 때문이다. 그래서 어떻게 하면 좀 더 이해하기 쉽고 지루하지 않도록 내가 사색을 통해 깨달은 삶의 지혜를 전할 수 있는 문장을 만들까 수없이 가다듬고 어떻게 하면 이 책을 구입한 독자들에게 유익한 도움을 줄 수 있을까를 고민하며 즐거운 마음으로 글을 쓰고 있다. 이것이 지금 내가 글을 쓰는 태도이다. 그리고 그대는 지금 이 책을 읽고 있다. 어떤 태도로 읽고 있는지는 알 수 없지만 분명히 어떤 태도를 취한 채 읽고 있는 것만은 확실할 것이다. 쾌적한 환경의 방 안에 편안히 앉아서 호의적인 눈빛으로 이 책을 읽을 수도 있고 황사바람이 질펀하게 깔린 길거리 벤치에 앉아서 친구를 기다리는 시간에 잠시 눈요기 거리로 읽을 수도 있으며 전철 안에서 졸린 눈을 억지로 치켜뜨며 친구가 건네준 이 책을 겨우겨우 읽어가고 있는지도 모르고 수많은 책들이 진열된 대형서점에서 이 책이 과연 피 같은 돈을 지불하고 살만한 가치가 있는 건지 날카로운 시선으로 읽고 있을 수도 있다. 어찌 되었든 사람은 누구나 자신만이 지니고 있는 태도가 있다.

태도란 인간의 행동하는 양식이라고 할 수 있을 것이다. 인생에 대한 가치관이 내면화되어 그 사람의 고유한 행동특성이 되고 그것이 반복되면서 그만의 독특한 태도가 된다. 태도란 것은 습관적인 면이 강하며 야릇한 중독성도 있어서 한 번 몸에 익숙해지면 좀처럼 떨쳐내기 어려운 법이다. 그러므로 우리는 좋은 태도가 몸에 배일 수 있도록 노력해야 한다. 좋은 태도를 지닌다는 것은 한 인간을 성공으로 인도하는 가장 자비로운 스승이다. 그럼 태도에 따라서 인간을 분류해 보도록 하자.

첫 번째 인간은 '나태한 태도를 지닌 인간'이다. 누군가 나태하다는 말을 들으면 그에 대한 선입견은 게으르고 뭔가가 꽉 막힌 일상을 살아가는 사람이 언뜻 떠오른다. 그래서 나는 그 사람에게 다가가서 팔을 붙잡고 일으켜 세워주고 싶고 등을 토닥여 주면서 그의 귓가에 우렁찬 진군의 행진곡이라도 틀어주고 싶은 마음이 든다.

그렇지만 그에게도 그만의 세계가 있다. 그는 어쩌면 자신만의 작은 세계에 행복하게 갇혀 있는 것인 줄도 모른다. 자신만의 작고 아담한 세계에 갇힌 채 밝은 양지 대신 습한 음지로 점점 숨어들면서도 그곳이 지상에서 가장 아름다운 곳이라고 생각하는 것은 아닐까.

그러므로 우리는 나태한 인간을 대할 때 그의 기본적인 인격을 존중하는 마음을 보여주어야 한다. 그는 인생의 실패자나 무능력한 자가 아니라 다만 한정된 영역 안에 갇힌 닫힌 영혼을 소유한 사람인 것이다. 그에게 필요한 것은 나태하다고 질책하는 따가운 비판의 목소리가 아니라 좀 더 넓고 밝은 세계로 나와 함께 어우러져 살아갈 수 있도록 하는 응원의 목소리인 것이다. 그는 스스로는 자기 자신이 게으르다거나 무능력하다고 생각하지 않는다. 다만 아직은 때가 되지 않았을 뿐이라고 말한다. 그가 그렇다고 말하면 그렇다고 인정해 주어야 한다. 굳이 그의 감추고 싶은 내면의 상처를 들

쑤셔서 아프게 할 필요는 없다. 그에게 가장 고마운 사람은 자신의 세계를 있는 그대로 인정해주는 사람이다. 그리고 그는 어쩌면 신상의 피할 수 없는 문제로 인해 경제활동을 하지 못할 수도 있으며 지적능력이 떨어져서 평범한 사람들처럼 살아가지 못하고 있을 수도 있다. 우리가 그들에게 해줄 수 있는 최선의 행동은 아름다운 이해심이다. 그리고 만일 그대자신이 요즘 들어 부쩍 나태해지고 있다는 생각이 든다면 자신스스로를 심하게 힐책하거나 질책하지 말아야 한다. 그대 자신에게도 스스로의 이해심은 필요하다.

그대는 지금까지 많은 시간을 정말 쉴 새 없이 열심히 살아왔을 것이다. 가족을 부양하기 위해 평일에도 밤늦게까지 일하고 휴일에도 특근을 해가며 일했을 수도 있고 성적을 조금이라도 올리기 위해 새벽에 서너 시간만 자고 코피를 쏟으며 시험공부를 해왔을 수도 있고 경제위기 속에서도 가게 문을 닫지 않기 위해 발바닥이 닳도록 뛰어다니며 점포를 운영해왔을 수도 있을 것이다.

나태하다는 것은 게으르다는 말과 동일어가 아닐 수 있다. 나태한 것은 그가 지금 많이 지쳐 있다는 의미일 수도 있기 때문이다.

지쳐 있을 때는 적당한 휴식이 반드시 필요하다. 직업이 없는 실업자를 보고서 날마다 집에서 놀고먹는 사람이 무슨 휴식이 필요할까라고 생각할 수도 있다. 그러나 그는 마땅히 할 일이 없어서 편안히 쉬고 있는 듯 보일지 모르지만 그의 정신은 그 누구보다 지금 피곤하다. 사무실에서 남들은 하루에 열 개는 해치울 일을 하루에 하나도 해내기 힘들어하는 무능력해 보이는 회사원도 마찬가지다. 그는 게으르거나 능력이 부족한 사람이 아니라 심하게 지쳐 있고 타인의 보호와 보살핌이 필요한 아기와 같은 존재일지도 모를 일이다. 그러기에 그대가 보기에 나태한 인간으로 보일지라도 그만의 세계를 무시하지 말고 예를 다하여 존중해주는 언행이 필요하다. 그대가 그를 보살펴주고 아껴주며 인정해준다면 그는 머지않아 나태라는 무의미한 허물을 벗어던지고 자신의 일을 그 누구보다 성실하게 잘 수행해낼 수 있는 이 세상에 꼭 필요한 훌륭한 사회인이 될 것이다.

인간은 존재의 동일성으로 인해 모두 친구가 될 수 있다. 그 누군가를 그대로 두었다가는 질식할 수도 있는 밀폐된 사고의 좁은 우물에서 하루빨리 빠져나올 수 있도록 그대가 용기를 주고 미래의 희망을 전하는 말들을 그에게 들려주어야 할 것이다.

태도를 통해 바라본 두 번째 종류의 인간형은 '성실한 태도를 지닌 인간'이다.

우리가 인간으로서 가장 이상적인 사람이라고 여기며 기필코 추구해야만 할 태도가 바로 성실한 태도의 인간이다. 그대가 성형외과 의사가 되고 싶든지 아이들을 가르치는 선생님이 되고 싶든지 나라를 절체절명의 위기에서 구해내는 한 나라의 믿음직스런 대통령이 되고 싶든지 프리미어 리그에서 뛰는 유명한 축구 선수가 되고 싶든지 가정을 화목하게 이끌어갈 다소곳하고 어여쁜 현모양처가 되고 싶든지 그어떤 꿈을 가지고 있을지라도 성실함을 갖추지 못한다면 그것은 그저 한 번의 바람에도 흩어져버리고 마는 연기와 같은 허무한 상상으로 그치고 말 것이다.

성실한 인간은 정직과 노력이라는 기본적인 소양을 갖춘 사람이다. 그는 자신이 할 일을 기쁘게 여기며 해내는 사람이므로 세상에 대한 불평이나 불만이 있을지라도 바로바로 해결책을 스스로 찾아서 해소하기 때문에 세상을 바라보는 시야가 차단될 염려가 없는 것이다. 또한 성실한 태도를 지닌 그는 사소한 행동마저도 신뢰받기에 충분할 것이며 무슨 일을 하고자 하면 최대한 열성적인 자세로 그 일을 감당해내고자 하는 의지를 지니고 있을 것이다. 그러므로 사람들은 그런 사람을 성실하다고 인정하며 그가 일하는 분야에서 그의 성공을 확신하는 것이다.

그렇지만 성실한 듯 보여도 그 내면에 정직이 결여된 사람은 성실함으로 위장된 속임수를 쓰고 있으므로 조심해야 할 것이다. 독을 품은 독버섯의 화려한 색감처럼 위장된 성실함은 더욱 그럴듯하게 사방에 빛이 날 것이다. 그렇지만 그 빛은 찰나에 빛나고 사라져버리는 별똥별의 빛처럼 허망할 뿐이다.

다시 한 번 말하지만 성실한 인간은 정직과 노력이라는 기본적인 소양을 갖춘 사람을 일컫는다. 정직함과 노력에의 진정성이 결핍된 사람은 결코 성실한 인간이라는 최상의 칭호를 얻을 수 없다. 혹시라도 그의 그럴 듯한 연기에 속아 어떤 사람이 성실하다는 평가를 받을지라도 그는 결국 성실한 인간의 반열에 오를 수 없다. 그것은 계란을 간장에 넣고 삶아서 먹음직스런 검은색 간장 계란조림을 만든다고 해도 그것의 본질은 흰색과 노란색이 공존하는 계란이라는 사실에는 변함이 없는 것과 같은 이치일 것이다. 아무리 자신을 속이고 타인을 속여 성실한 체 해봐도 그의 거짓으로 물든 성실하지 않은 인간이라는 진실은 바뀔 수가 없는 것이기 때문이다.

그대가 하고 있는 일을 그 무엇보다 사랑하고 다른 무엇과도 비교할 수 없는 우월한 긍지를 지녀라.

자신이 그 일을 해낼 수 있다는 자긍심을 가지는 것은 어떤 일을 할 때라도 꼭 필요한 자세이다. 그런 다부진 결의를 가지고 뛰어든 일에서는 잠깐의 오류는 있을지언정 영원한 실패는 없을 것이다. 그런 자세가 바로 성실한 태도의 시작이다. 칼바람 앞에서도 흔들림 없이 의연하게 서 있는 소나무처럼 인생의 시련 앞에 당당하게 맞서는 힘은 자신이 하고 있는 일을 사랑하는 성실한 태도에서 나오는 것이다.

성실함, 이것이 인생의 지혜와 연금술을 정녕 자신의 것으로 성취하길 원하는 그대가 지녀야 할 태도의 바탕이다. 누가 보지 않더라도 자신이 하는 일 앞에서는 총명한 두 눈을 더욱 총명하게 반짝이며 일체의 잡념 없이 몰입하도록 하고 누가 지켜보더라도 자신이 추구하는 일을 하는 데 있어서 일체의 가식 없이 순수하게 최선을 다할 수 있길 나는 그대에게 바란다.

나는 그대에게 너무나 고맙고 감사하다고 말하고 싶다. 나의 삶은 결코 남들처럼 평탄하지 않았고 매우 고달팠지만 내가 희망이란 꿈을 버리지 않았을 때 다시 아름답고 영롱한 세계를 열어주었다.

이제 아쉽게도 그대와 내가 작별을 맞이해야만 하는 시간이 다가왔다. 나는 다른 책으로 다시 그대를 찾아올 것이다. 그동안 그대와 나는 잠시 이별하는 것뿐이다. 이별 앞에서는 가슴이 서늘해지는 것이 우리네 정일 것이다. 그대가 이 책을 읽는 동안 나와 그대는 서로 교감하며 의지하고 소통했다. 나의 사색을 통한 깨달음들이 그대에게 전해졌기를 소망한다.

인생은 그대에게 힘들고 곤란한 시간들을 끊임없이 펼쳐줄 것이다. 그러나 그것들은 모두 그대의 의지에 의해서 행운의 것들로 뒤바뀔 수 있는 충분한 가능성을 내포하고 있음을 명심하라. 살아있는 생명들의 소중함을 그대 가슴 속에 각인시키고 영혼의 내부에 사랑이 가득한 생각들을 품어야 할 것이다. 그대가 사랑하는 것들이 웃으면서 행복해할 때 그대의 인생이 더 큰 행복으로 채워질 수 있을 것이다. 맑고 순결한 생각들을 하면서 아름다운 상상을 하고 눈에 띄는 전부를 티 없이 사랑하고 마음에 꿈을 간직하며 세상 모든 것들을 이해하려고 애쓰면서 살아간다면 아무리 힘겨운 상황에 처해도 희망의 빛을 잃지 않을 것임을 나는 그대에게 약속한다.

지금까지 많은 일들이 그대를 힘들게 했을 것이다. 그리고 앞으로도 어떤 문젯거리들이 그대의 삶에 찾아올지 예측 불가능한 날의 연속일 것이다. 동전의 양면같이 행복과 불행이 공존하는 이 세상, 모든 것은 그대가 마음먹기에 달려 있다는 것을 명심하라. 가혹한 운명에 휘둘려 희생된 가련한 사람이 되지 않으려면 마음을 단단히 먹고 힘을 내어야 한다. 그대에게는 하고자 하는 것을 이룰 수 있는 능력이 있고 얻고자 하는 것을 얻을 수 있는 행운도 있을 것이며 도달하고자 하는 곳에 다다를 수 있는 신념과 의지도 머물러 줄 것이다.

울고 싶어도 내 인생이니까 내가 책임지고 살아가겠다고 씩씩하게 다짐하라! 이제 더 이상 두려워하지 말고 움츠러들지 말고 걱정하지 말고 나약해지지 말고 더 용감하고 씩씩하게 더 부드럽고 유연하게 더 자상하고 따뜻하게 더 의연하고 고고하게 단 한 번뿐인 소중한 그대의 삶을 살아내라.

울고 싶어도 내 인생이니까

초판 1쇄 인쇄 2021년 5월 15일
초판 1쇄 발행 2021년 5월 20일

지은이   백정미
펴낸곳   함께북스
펴낸이   조완욱

주소   412 230 경기도 고양시 덕양구 행주내동 735-9
전화   031-979-6566~7
팩스   031-979-6568
이메일   harmkke@hanmail.net

ISBN   978-89-7504-752-7 03320